창밖에 사체가 보였다

창밖에 사체가 보였다

박진규 에세이

『수사연구』 편집장의 사건 수첩

차 례

프롤로그 ___ 7

1장 잿더미 우정 ___ 15
2장 살인과 연극 ___ 39
3장 내 심장을 겨눈 형사 ___ 57
4장 갱뱅과 라캉 ___ 79
5장 창밖에 사체가 보였다 ___ 103
6장 바다를 떠도는 이불 ___ 125
7장 야구 배트를 든 알바생 ___ 149
8장 언니가 타준 믹스커피 ___ 171
9장 나는 악마를 만났다 ___ 197
10장 그 남자의 살인 버킷리스트 ___ 225
11장 재테크냐, 베팅이냐, 사기냐 ___ 251
12장 중식도와 양파 ___ 271

에필로그: 『수사연구』의 한 달 ___ 301

프롤로그

스핑크스의 이미지를 보고 나면
거리를 지나가는 인간을 보는 방식이 바뀐다.

─프랜시스 베이컨

 대한민국에는 1983년에 창간해 2025년 6월에 통권 500호를 발행한 40년 역사의 수사 전문지가 있다. 『수사연구』는 경찰청 수사과 예산으로 집행되어 전국의 수사 경찰들과 지역관서 경찰들에게만 배포하는 범죄 수사 연구와 교양지를 겸한 잡지다.

 물론 90년대와 2000년대에 의경 생활을 했던 남성들이라면 각 지구대나 파출소에 꽂혀 있던 『수사연구』를 본 기억이 있을 것이다. 그때는 『수사연구』의 호시절이라 수사과의 예산으로 매달 2천 부에서 4천 부 정도를 찍어냈다. 그 덕에 『수사연구』는 전국 지구대 및 파출소의 서가에까지 꽂혀 있었다. 하지만 호기심에 슬며시 잡지를 펼

쳐본 의경들은 책장을 넘기자마자 흠칫 놀랐을 것이다.

『수사연구』는 살인 사건과 과학수사를 집중적으로 다루는 수사 전문지로, 책을 펼치면 살인 사건 현장의 사체 사진들이 페이지 곳곳을 채웠다. 칼에 찔리거나, 익사하거나, 불타거나, 목이 졸리거나, 토막 나거나, 암매장당한 사체들. 그 사진들을 중심으로 현장검증, 사건 수사, 증거 채집의 방법들이 상세하게 실려 있었다. 심지어 아예 밀봉된 페이지도 있었다. 그 안에 담긴 사체 사진과 기사 내용이 너무 적나라하고 형사들의 수사 기법이 자세하게 적혀 있어서다. 커터 칼로 그 페이지를 조심스럽게 뜯어내야 기자들과 형사, 과학수사관의 손을 빌린 사건 기록을 읽을 수 있었다. 지금도 취재를 가면 나이 든 형사들 중에는 『수사연구』 하면 '그 밀봉된 페이지'를 떠올리는 분들도 있다.

그런 이유로 『수사연구』는 40년 넘는 역사에도 불구하고 세상에 알려지기 어려웠다. 하지만 경찰 내부, 그중에서도 형사들이라면 누구나 아끼는 월간지로 자리 잡았다. 『수사연구』는 오히려 적나라한 사체 사진 때문에 강력반 형사들이 살인 사건을 미리 공부할 수 있는 훌륭한 교재였다. 게다가 『수사연구』와 사건 인터뷰를 하면 승진을 한다는 풍문까지 돌았다. 실제로 『수사연구』에 부록처럼 수록된 승진 시험 기출 문제 역시 형사들에게 큰 인기를 끈 코너였다. 『수사연구』 기자들은 그 당시 다른 언론사 기자와 달리 형사들의 사무실에 가면 언제나 환영받는 식구 같은 존재였다(사실 '식구'라는 말은 경찰보다 대한민국의 조직폭력배들이 전통적으로 많이 쓰는 단어이긴 하지만).

  소설가인 나는 2017년에 『수사연구』와 프리랜서 기자로 인연을 맺고 일을 시작했다. 내가 한 달에 걸쳐 취재하는 「라이브 리포트」는 밀봉 페이지는 아니다. 하지만 일반적인 신문에서 볼 수 있는 단순한 스트레이트 사건 기사 역시 아니다. 살인 사건과 대규모 사기 사건을 주제로 삼아서 사건의 인지, 증거 수집, 범인 검거, 신문 과정을 플롯으로 만들어 쓴 하나의 스토리텔링에 가깝다. 그리고 마지막에는 언제나 사건을 해결한 수사팀의 파이팅 넘치는 단체 사진이 들어간다(2017년에는 형사들의 시그니처 포즈가 파이팅 자세였지만, 2020년대에 들어서면서 가끔은 '손 하트' 포즈를 취하는 팀들도 있다).

  이처럼 2017년부터 지금까지 나는 매달 『수사연구』를 통해 새로운 사건, 새로운 형사들을 만나면서 지내왔다. 그리고 현재는 『수사연구』의 편집장이자 여전한 취재 기자로 일하면서 매달 한 권씩 『수사연구』를 홀로 만들어내고 있다. 추리소설 마니아는 아니지만 어쩌다 보니 소설가, 시인, 평론가보다 형사들의 연락처를 더 많이 알게 됐다. 그리고 사람 만나기 싫어하는 내가 『수사연구』의 편집장이자 기자로 매달 섭외, 취재, 기사 작성, 원고 독촉, 잡지 마감을 반복하고 있다. 아마 2000년대에 등단한 소설가 중에 경찰서를 나보다 더 많이 드나든 사람은 없을 것 같다.

다만 나는 경찰 수사과 내부에서 『수사연구』의 위상이 하늘을 찌르던 시절의 기자는 아니다. 그러니까 경찰 수사과에서 집행하는 『수사연구』 예산이 한 달에 몇천만 원에 육박하던 배부르고 등 따습던 시절에 입사한 건 아니라는 말이다. 시대의 변화와 함께 『수사연구』는 내리막을 걸었다. 세 명이던 취재진이 두 명으로 줄고 결국에는 편집장과 한 명의 프리랜서 기자로만 운영되던 그때 나는 이 수사 전문지의 꼬리 칸에 승차했다.

그로부터 8년이 지난 지금은 프리랜서 편집장이 된 나 홀로 이 오랜 역사의 잡지를 소화하고 있는 중이다. 어쩌면 대한민국 범죄 수사 역사와 40년을 함께해온 전문 잡지의 끝자락을 잡고 있는 것이다.

하나 이 잡지가 끝에 이르렀다고 보지는 않는다. 다른 방식으로 변화하기 위해 여러 아이디어를 고민하고 있다. 잡지에 실리는 기사 중 일부를 웹진에 올리고 있고, 〈그것이 알고 싶다〉 출신 PD들과 작가들이 모여 있는 '스토리웹' 제작진과 함께 『수사연구』 유튜브 채널도 준비 중이다. 나는 이 잡지가 죽지 않을 거라고 확신한다. 대한민국 경찰이 여전히 존재하고 수사 기법은 변화하고 있으며, 동시에 범죄는 사라지지 않고 오히려 진화하고 있기 때문이다. 그러니 대한민국 경찰과 범죄 수사의 세계를 관찰하고 기록하는 『수사연구』가 사라지는 일은 없을 것이다.

이 책 『창밖에 사체가 보였다』는 내가 처음 『수사연구』에 입사한 2017년부터 2018년까지 취재한 사건, 그중에서도 특히 살인 사건을 위주로 구성했다.

『수사연구』의 사건 기사에는 사건의 기록만을 담는다. 사건을 취재하면서 느꼈던 감정이나 떠올린 생각들, 그 밖의 잡다한 것들은 배제할 수밖에 없다. 당시 만난 형사님의 인상이나, 사건 수사의 과정에 대해 들으면서 느낀 소회 같은 것들 말이다. 이 책은 과거의 사건을 다루는 동시에 그 지워진 감정들을 다시 복원하는 작업이다. 더 잊히기 전에 이 책을 통해 그런 것들을 기록으로 남기고 싶었다.

2017년 6월부터 경찰서만 찾아다니는 길고양이처럼 거의 한 달에 두 번씩 취재를 나갔으니 2025년까지 거의 200팀에 가까운 수사팀과 지구대 및 파출소의 순찰팀을 만난 셈이다. 한 팀당 구성원이 5명에서 8명 정도니까, 그렇게 만난 경찰들의 숫자가 상당히 많다. 그런데 매달 바쁘게 지나가다 보니 내 머릿속 블랙박스에서는 계속 과거에 취재한 사건들이 지워지고 있었다. 하지만 이 글을 쓰다 보니 그때 그 사건에 대한 섬뜩한 기억, 함께 대화를 나눈 형사님들이나 순찰팀들과의 시간, 한 달에 두 번 한 시간씩이지만 가장 소중하게 생각했던 그때의 그날들이 다시 떠올랐다.『수사연구』기자로서의 시간은 평범한 인간인 동시에 소설가로 살아가는 내 인생의 거대한 '라이브 리포트'라는 생각이 들었다.

또 그 안에는 내 개인의 감정만이 아니라 인간이란 존재의 어두움, 빠르게 변화한 대한민국 사회에서 미처 살피지 못한 병폐의 현장도 담겨 있다. 더구나 압축 성장의 표본인 대한민국에서 일어나는 범죄는 21세기 기술자본주의 사회에서 발생하는 범죄의 비인간적이고 어두운 성격을 그대로 드러낸다. 쓰는 사람으로서 그 어두운 세계의 현장을 보고, 듣고, 느꼈으니 이를 글로 옮기고자 하는 것은 당연한 일이다.

마지막으로 '창밖에 사체가 보였다'는 책 속 한 챕터의 제목이지만 동시에 이 책 전체를 아우를 수 있다고 생각해 표제로 선택했다. 사체는 변사 현장에 있는 주검이지만 사건을 재구성하는 가장 중요한 증거자료 역할도 한다. 일단 사체를 관찰해 변사와 자살, 타살을 어느 정도 구분한다. 사체의 부패 정도를 살피면 사망 시기 또한 유추할 수 있다. 만약 살인 사건이라면 사체의 상처 등을 통해서 살인의 이유는 물론 살인자의 심리 상태까지 예측이 가능하다. 그러니 형사들은 수사라는 창문을 통해 현장의 사체를 다시 보는 셈이다.

또한 형사와 과학수사관, 방송인들이 과거 살인 사건의 현장을 확인하는 특별한 창문이 바로 『수사연구』였다. 강력 사건 현장의 형사들을 인터뷰했던 『수사연구』의 선배 기자들, 사체 사진을 포함한 원고를 긴 세월 동안 『수사연구』에 연재하셨던 현장 감식의 대가 이삼재 선생님께 감사와 존경의 마음을 전한다. 그분들이 먼저 이 책의 집필을 위한 창문을 열어주었다.

1장
잿더미 우정

경기도 시흥의 한 건물에서 화재 사건이 발생한다. 화재가 발생한 원룸에서는 불에 타다 만 여성의 사체가 발견된다. 그 집에 불을 지른 범인은 바로 과거 피해자와 함께 일을 했던 동료였다. 형사들에게 체포된 용의자는 사체에 불을 지른 이유에 대해 황당한 답변을 늘어놓았다. 억울하게 세상을 떠난 친구를 위해 장례를 치러주려고 직접 불을 질러 화장을 했다는 것이었다.

형사들은 황당한 표정을 지었지만, 용의자는 연극배우처럼 슬픈 표정으로 이 모든 과정에 대해 말했다. 하지만 형사들은 그 표정 뒤에 숨겨진 진실을 읽어냈다. 사건의 진상은 이러했다. 용의자는 자신이 늘 인생의 주인공이어야만 했다. 주인공이 아닌 조연은 어떻게 처리되든 상관없었다. 주인공은 조연을 칼로 찌르고 또 찌르고, 며칠 후 그 사체를 불태웠던 것이다.

1.

2017년 5월 생애 처음으로 살인 사건의 수사를 기록한 서류를 읽었다. '수사결과보고서'라 부르는 두툼한 서류였다.『수사연구』기자만이 손쉽게 손에 쥘 수 있는 형사들의 특별한 내부 서류였다. 수사결과보고서에는 사건의 시작부터 수사가 종료되는 순간까지의 과정이 체계적으로 적혀 있다. 물론 형사들은 범죄 수사를 진행하면서 계속해서 일자별 보고서를 올린다. 하지만 수사결과보고서를 형사들이 '수사의 꽃'이라고 부르는 데는 이유가 있다. 사건의 시작부터 종료까지 한 편의 이야기처럼 파악할 수 있게 플롯 같은 흐름으로 이어지는 서류이기 때문이다.

소설가인 나 또한 수사결과보고서를 처음 받아 보고서 뭔가 단편소설의 플롯을 읽는 기분이 들 정도였다. 살인 사건의 경우 살인 사건 현장이 일단 '발단'이다. 이 경우 실제 변사체가 발견되거나 누군가의 실종으로 시작된다. 만약 변사체가 발견됐다면 현장감식과 증거 수집을 통해 살인이 이뤄진 과정, 범인의 흔적을 찾는 '전개'가 드러난다. 만약 이후의 전개가 혼란스럽다면 이제 형사들은 불분명한 증거, 용의자 추적 실패 등의 '위기'에 처한다. 다행히 결정적인 증거로 드디어 범인을 찾아내고 그를 추적하기 시작하면서 '절정'을 향해 치닫는다. 이어 체포의 순간과 범인의 자백이 수사결과보고서의 백미다. 범인을 살인, 강도 살인, 사체 유기 등의 혐의로 구속 송치하면서 살인 사건의 수사결과보고서는 '결말'에 이른다.

대한민국 유일의 수사 전문지, 『수사연구』의 기자들은 두툼한 수사결과보고서(작성자인 형사들의 성격에 따라 분량의 차이가 꽤 나는 편이긴 하지만)와 해당 사건을 수사한 수사팀과의 인터뷰를 바탕으로 르포 형식의 스토리텔링 사건 기사를 써왔다.

『수사연구』기자들은 경찰 내부의 수사 서류 외에도 살인 사건 현장을 찍은 생생한 사진 자료들 역시 받아왔다. 피범벅이 된 사체, 토막 난 사체, 암매장된 사체, 불에 타 새카맣게 변하거나 물에 불어 거대한 덩어리처럼 변한 사체들의 사진을 우리 기자들은 매달 보았다. 당연히 피 묻은 칼이나 망치 같은 범행 도구 및 혈흔이 흩뿌려진 현장 사진들도 함께였다.

 이 살인 사건 현장 사진들 역시 외부 유출이 절대 불가능한 자료였다. 하지만 형사들은『수사연구』기자에게는 그 사진 자료들을 넘겨주었다.『수사연구』는 그들에게 흔한 잡지가 아니었기 때문이다. 강력 사건을 수사하는 형사들에게『수사연구』는 그들끼리 돌려 보는 비밀스러운 사건 수사 연구 자료 같은 것이었다. 혹은『수사연구』와 대한민국 형사들 사이에 눈에 보이지 않은 의리 같은 것이 존재했을 수도 있다. 하나 내가 수습 첫날 선배 기자와 함께 방문한 시흥경찰서 형사과는 수사결과보고서는 제공했지만 현장 사진을 공개하는 것은 완강하게 거절했다.

 이유는 도저히 보여줄 수 없는 사체 사진이라는 것이었다. 해당 수사를 담당한 여 형사의 설명에 따르면 사체의 몸은 테이프로 친친 감긴 채, 바지는 물론 속옷까지 벗겨져 불에 그슬려 있었다고 했다. 더구나 이 알몸의 사체에는 40여 개에 이르는 칼자국이 곳곳에 퍼져 있었다. 치명상을 준 깊은 상처는 두 곳이었지만, 얕은 칼자국들이 여럿이라고 했다.

 범인은 도대체 무슨 원한이 그렇게나 컸던 걸까? 칼을 들고 피해자를 찌르고 또 찌르고 불까지 지른 이유는 무엇일까?

2.

사건의 시작은 매캐한 냄새에 대한 신고였다. 경기도 시흥시에 위치한 이 건물은 2층은 노래방, 3층과 4층에는 원룸들이 있는 상가였다. 건물 관리인은 3층 원룸 복도에서 풍기는 매캐한 냄새를 맡고 화재 신고를 했다. 하지만 희한하게도 3층 복도에서는 매캐한 냄새만이 감돌 뿐 화재의 흔적은 없었다. 3층 원룸 중 한 곳에 불이 났다가 꺼진 것이었다.

"단순 화재의 가능성이 높았나요?"

첫 번째 취재에서 질문은 내 몫이 아니었다.

나는 수습기자였다. 유도 선수 출신에 서울예대 문예창작학과를 졸업한 선배 기자 옆에 앉아 처음 만난 형사들의 이야기를 듣기만 했다.『수사연구』의 선배 기자는 학창 시절 스승이었던 김태용 소설가풍의 단편소설을 써왔지만, 잡지『수사연구』의 문장은 문학적 미감보다 현실감과 생생함에 충실해야만 했다. 물론 가끔『수사연구』기자들도 '오버'할 때가 있긴 하다. 경찰 수사과 예산으로 나오는 잡지인 만큼 팩트에 기반한 사건 르포라도, 형사들의 고생담 같은 것들은 좀 더 디테일하게 묘사해주는 게 원칙이었다. 보통의 일간지들은 사건과 범인에만 집중할 뿐 형사들의 고생담은 아예 다루지 않거나 있어도 한두 줄 정도가 전부였다. 우리는 형사들의 푸념이나 그들이 실제 고생한 상황을 사건의 흐름 못지않게 중요하게 다루었다. 결혼 준비를 하는 상황에도 사건에 전념했다거나, 며칠 밤을 꼬박 지새우느라 집에 못 들어가 갓난아이인 자녀가 너무 보고 싶었다거나 하는 내용들이었다. 수사의 흐름과는 관계없지만 형사들이 범죄 수사만 하는 로봇은 아니기에 그들의 여러 감정, 피곤 섞인 푸념은 물론 피해자에 대한 안타까운 심정 같은 것들을 종종 곁들이곤 했다.

물론 형사들은 처음부터 이런 감정을 털어놓진 않는다. 인터뷰 시간은 대략 한 시간에서 한 시간 반 정도이고, 그 사이에 수사 전문지 기자와 범인을 쫓은 형사들 사이에 감정적인 공감대가 형성되어야 한다.

인터뷰를 시작할 때는 뻣뻣한 형사들이 더 많았다. 하지만 그날 사건을 담당한 여 형사는 사체 사진은 제공하지 않았어도, 인터뷰는 친절하게 응해주었다.

"기자님 말씀처럼 물론 단순한 화재의 가능성도 있죠. 게다가 혼자 사는 사람이 번개탄을 피워 자살했을 가능성도 높았고요. 하지만 살인의 가능성 역시 무시할 순 없었습니다. 살인범이 범행의 흔적을 지우려고 사체에 불을 지르는 경우도 없지는 않으니까요."

수습 첫날 나는 선배 기자의 질문과 형사의 대답을 놓치지 않기 위해 귀를 쫑긋 세웠다. 선배 기자는 개인적 사정으로 퇴사를 앞두고 있었다. 이후 전국의 경찰서와 시도 경찰청을 돌아다니며 형사들을 만나서 수사결과보고서와 사체 사진 자료를 받고 질문을 던지는 일은 내 몫이었다.

선배 기자가 다시 한번 질문을 건넸다.

"불이 난 곳이 몇 호실인지 어떻게 찾으셨어요?"

"복도에서 원룸 방 문을 두드렸죠. 그런데 아무리 두드려도 문이 열리지 않는 곳이 있었어요. 309호였는데, 문이 굳게 잠겨 있었습니다."

그 잠긴 문을 강제로 개방하고 들어갔을 때 안에서 풍긴 것은 지독한 탄내만이 아니었다. 형사에게는 익숙한 사체 썩는 냄새가 원룸 안을 가득 채우고 있었다. 그리고 복층 매트리스 위에 그을린 이불이 있었다. 이불을 걷어내자 상체가 타다 만 사체 한 구가 눈앞에 드러났다.

조사 결과 309호에 혼자 살던 피해 여성은 오랜 기간 유흥업소에서 일한 인물로 밝혀졌다. 사체의 관절굳음 정도로 볼 때 이미 방화 이전에 사망한 것으로 밝혀졌다.

  수사팀은 방화 용의자를 쉽게 찾아냈다. 화재 신고가 있던 새벽, 2층 노래방 CCTV에 후드 티의 모자를 푹 눌러쓰고 3층 원룸 복도로 올라가는 한 사람이 포착됐다. 하지만 방화 용의자는 밝혀졌어도 그 신원을 확인하기란 쉽지 않았다. CCTV 화질도 좋지 않았고 펑퍼짐한 옷차림 탓에 성별조차 확인이 불가능했다. 노래방 CCTV의 영상 보관 기간은 겨우 사흘. 당연히 피해자를 칼로 찌른 살인 용의자는 CCTV에 찍히지 않았거니와 사건 발생 일자 역시 추측이 어려웠다. 사건 현장에는 피해자의 휴대폰도 없었다. 살인범이나 방화범, 혹은 두 사건의 동일범이 휴대폰을 들고 달아난 것이 틀림없었다.

  방화와 살인이 포개진, 둘인 동시에 하나인 강력 사건. 용의자 포착은 됐지만 신원을 확인하기 어려운 상황. 그리고 사라진 주요 증거들.

  훗날 내가 취재하게 될 수많은 어려운 살인 사건의 클래식 같은 사건이었다. 운이 좋게도 나는 그런 사건을 수습 취재 첫날 경기도 시흥경찰서에서 만났다.

3.

불행 중 다행으로 한 블록 떨어진 건물에서 피해자의 원룸 창문 쪽을 비추는 CCTV가 있었다. 그러나 CCTV가 망원경은 아니기에 창문 안에서 벌어진 일까지 정확하게 볼 수는 없었다.

"어느 정도까지 볼 수 있었는데요?"

"CCTV를 통해 피해자 방 창문에 불이 켜지고 꺼지는 정도? 그 정도는 확인할 수 있었죠."

수사팀은 화재 당일의 CCTV를 확인했다. 당일 새벽 3시 30분에 불길이 확 치솟았다 사라지는 게 창문에 비쳤다. 수사팀은 CCTV를 뒤로 돌려 보았다. 하루 전, 이틀 전, 사흘 전……. 방에 불이 켜진 적은 없었다. 화재 발생 8일 전에야 불이 켜졌다가 다음 날 새벽에 꺼졌다.

수사팀은 몇 가지 가능성을 생각하고 용의자를 찾는 탐문 수사에 들어갔다. 피해 여성이 유흥업에 종사했기에 손님 혹은 유흥업소 업주 등이 용의선상에 올랐다. 하지만 탐문 수사를 하면서 용의자는 예전부터 같은 유흥업에 종사해온 동료 A씨(여성, 30대 후반)로 좁혀졌다.

여 형사는 살인 사건 당일로 의심되는 화재 발생 8일 전에 피해자와 함께 찜질방에 간 친구를 탐문했다가 그 '미친년'에 대해 알게 됐다.

"피해자가 찜질방에 함께 간 친구에게 오늘 '미친년'을 만난다고 말을 했다는 거예요. 젊은 시절 함께 유흥업소에서 일하며 의지했던 사이지만 지금은 사는 곳도 다르고 별로 만나고 싶지 않다는 말도 했답니다."

하지만 피해 여성은 그 '미친년'에게 돈을 빌려줬기에 사건 당일 어쩔 수 없이 만나기로 했다는 것이었다. 당연히 피해자가 '미친년'이라 부른 A씨가 이 살인 사건의 유력한 용의자였다. 더구나 그날 밤 피해 여성이 주변인들에게 A씨와 함께 있다고 메시지를 보냈다는 사실과, A씨와 전화 통화까지 한 사실이 밝혀졌다.

"막상 A씨의 통화 내역을 조사했더니 사건 수사가 꼬여버렸어요. 사건 당일 A씨가 피해자와 통화를 한 것까진 확인됐거든요. 하지만 방화 사건이 일어났을 때, A씨가 지인 B씨(남성, 40대 후반)와 통화한 기록이 있었는데 그 기지국은 시흥이 아닌 서울이었죠."

수사팀은 방화가 일어난 사건 당일 A씨의 행적을 더 깊이 파헤치는 동시에 A씨와 B씨의 뒤를 몰래 밟아보기로 했다.

그 결과 방화 당일 새벽 2시경 A씨와 B씨가 서울에서 짧은 시간 동안 만나는 장면이 포착됐다. A씨는 서울에 있는 집으로 돌아온 후에 종이가방을 들고 다시 길을 나섰다. 만약 A씨가 B씨에게 본인의 휴대폰을 주었다면, B씨는 휴대폰을 이용해 A씨의 알리바이를 조작할 가능성이 충분했다.

그날 새벽 6시 A씨는 홀로 집으로 돌아왔다. 그리고 여 형사는 CCTV를 통해 확인했다. 용의자인 그녀가 손에 쥔 가방 안에 슬쩍 보이는 회색 후드 티를. 형사라면 놓치지 않을 순간이었다. 방화범이 입고 있던 그 옷과 똑같았으니까. 즉 A씨는 알리바이를 조작한 후, 서울에서 시흥으로 갔다가 다시 되돌아온 것이었다.

4.

시흥경찰서 수사팀은 회의를 거듭해서 위험을 무릅써야 하는 결정을 내렸다. 아직 결정적인 증거는 없었다. 하지만 A씨와 B씨를 긴급체포하기로 결정한 것이다. 수사팀은 B씨 주거지의 주차장에서 잠복하다가 두 사람을 긴급체포했다. 그리고 여 형사의 말에 따르면 운이 좋게도 A씨의 가방 안에서 피해자 명의의 휴대폰 2대와 신용카드 5개가 발견됐다고 했다.

"B씨의 차량 블랙박스 확인 결과 두 사람은 원래 지하철역 물품 보관소에 들러 피해자의 휴대폰과 카드를 숨길 계획을 세워놓은 것 같았어요. 그런데 무슨 일인지 지하철역에 가는 대신 B씨의 집으로 돌아와 형사들과 운명처럼 만난 거죠."

그것도 증거가 담긴 지갑을 그대로 든 채. 마치 억울한 피해자의 원혼이 범인들을 홀려 형사들에게 일부러 인도한 것처럼.

이후에도 나는 형사들에게 그런 말을 많이 들었다. 피해자의 억울한 마음이 범인과 우리를 만나게 한 것 같았어요, 피해자가 억울해서 빨리 범인을 찾게 한 것 같았죠, 이런 종류의 표현들에 익숙해졌다.

A씨는 신문을 맡은 형사들 앞에서 흡사 연극배우처럼 자신의 감정을 과장되게 표현했다. 그녀는 방화 사실은 인정했지만, 살인 혐의는 인정하지 않았다. 그녀는 피해 여성과 마찬가지로 자신 또한 성폭행 피해자라고 주장했다. 사건 당일 두 사람은 약속 때문에 만났는데, 그들의 뒤를 수상한 외국인들이 쫓아왔다는 것이었다. 직접 112에 신고했지만 경찰이 그 전화를 무시했고 결국 외국인들이 피해자의 집 근처에 잠복해 있다가 새벽에 원룸의 문을

열고 들어왔다고 주장했다. 그러면서 두 사람 다 성폭행을 당했고 일단 친구를 구하기보다 살기 위해 서둘러 도망쳐 나왔다고 말했다. 그 증언을 하는 동안 A씨는 감정에 복받친 듯 눈물을 흘렸다. 하지만 친구를 두고 도망친 게 마음이 아파 피해자의 집을 뒤늦게 찾아갔다고 말했다. 그녀는 피해자가 가여워 구천을 떠도는 귀신으로 살지 말고 천국으로 가라고 직접 불을 질러 화장을 했다는 것이었다.

"그건 너무 이상한데……."

관람객의 입장에서 듣고 있던 나는 혼자 생각한다는 것을 제법 큰 소리의 혼잣말로 중얼거리고 말았다. 여 형사가 그 말을 듣고 살짝 미소를 띤 채 나를 바라보았다. 그리고 말을 이어갔다.

"확인했더니 살인 사건 당일 A씨의 112 신고가 있기는 했어요. 하지만 택시 탑승 시비 때문에 벌어진 신고 전화였을 뿐, 이 사건과는 관계없었죠."

게다가 수사팀은 살인 사건 이후 서울에서의 A씨 동선을 확보해놓았다. 그녀는 피해자의 카드로 돈을 인출하고, 대출까지 받았으며, 심지어 대출 사기 행각을 벌이고 있었다. 또 함께 사기를 공모한 지인들과 술을 마시며 웃고 떠드는 장면도 CCTV에 담겨 있었다. 이 정도면 살인자를 넘어서, 반성의 기미도 없어 보이는 상황이었다.

"피의자와 공모한 지인 중에는 한 유력 일간지의 중간 간부급 기자도 있었어요. 피의자가 운영하는 술집의 단골손님으로 보였죠."

하지만 여 형사는 그 일간지의 이름은 말해주지 않았다.

5.

경기남부청 심리검사 담당관의 면담 결과에 따르면 A씨는 반사회적 성향으로 통제적이고 착취적인 대인관계를 형성해온 것으로 밝혀졌다. A씨는 10대 시절부터 일진으로 통했으며 가출과 수업 이탈이 잦았고 타인에게 폭력을 쓰는 일에 죄책감을 느끼지 못했다. 특히 늘 여왕벌처럼 관계의 중심에 서야 했고 자신을 추종하는 인물들을 바닥에 깔아놓았다. 당연히 자기보다 급이 낮아 보이는 인물이 자신을 무시하는 것을 참지 못했다.

범행 동기 역시 여기에서 기인한 것으로 보였다. 채무 변제 때문에 피해자를 살해한 것이 범행 동기의 전부는 아니었다. 빌린 200만 원을 갚으라는 말에 A씨는 감정이 상해 있었다. 피해자의 채무 독촉에 A씨가 '아버지가 교통 사고를 당하셔서 기한 내 갚기 힘들다'는 메시지를 보냈지만 답장은 냉정했다. '이딴 거 보내지 말고 정확히 돈 갚을 날짜나 말해라'라는 내용이었다.

그 답장 또한 A씨를 분노케 했다. 더구나 A씨는 피해자와 자신이 급이 다른 인간이라고 생각하고 있었다. 피해자는 기껏해야 유흥업소 직원이고, 본인은 그런 유흥업소 직원들을 관리하는 일을 하고 있었으니까.

살인 사건 당일 A씨는 피해자의 몸을 테이프로 친친 감고 흉기로 위협했다. 그러면서 피해자의 휴대폰 패턴을 알아냈다.

패턴이 풀리자 피해자가 A씨를 어찌 생각하는지 낱낱이 드러났다. A씨에 대해 다른 동료들과 나눈 험담들이 그대로 휴대폰 메시지에 남아 있었다. 그 문자 메시지 안에서 A씨는 더는 여왕벌이 아니었다. 미친년, 200만 원도 못 갚는 무능력자, 친구도 아닌 징글징글한 쓰레기 같은 존재. 그 문자 메시지가 그녀를 폭발시켰고 결국 손에 쥔 칼로 40여 차례나 피해자를 찔렀다. 그때 A씨가 느낀 감정은 단순한 분노였을까, 아니면 이미 무의식적으로 알고 있던 초라한 자신에 대한 반격이었을까, 아니면 마지막으로 남은 강자의 자존심이었을까.

6.

인터뷰는 유도 선수 출신에 한때 문학도를 꿈꿨던 선배 기자가 했지만 녹취를 풀고 기사를 작성하는 건 내 몫이었다. 나는 수사결과보고서와 녹취록을 대조하면서 첫 번째 기사를 썼다. 그때 내가 이 사건에 붙인 제목은 '잿더미 우정'이었다. 뭔가 『수사연구』의 기자로서 처음 쓰는 기사라서 소설 같은 제목을 붙이고 싶었던 것 같았다.

사실 나는 소설가로 활동하고 있었지만 형사물이나 사건 수사가 관심 분야는 아니었다. 실화를 바탕으로 추리소설의 세계를 구성한 마쓰모토 세이초의 작품이나 우아하고 읽는 맛이 있는 조르주 심농의 '매그레 시리즈' 같은 추리소설을 좋아하기는 했다. 하지만 내가 추리소설을 쓸 수 있을 거라 생각하진 않았다. 일단 나는 두더지과의 소설가가 아니었다. 구덩이를 깊게 파내려가 그 안에 범죄와 추리의 지도를 그려가는 유형이 아니라는 말이다. 그렇기에 나는 좀 경박하고, 밝고, 약간의 판타지도 있으면 좋고, '병맛' 같은 요소도 있는 소설을 쓰고 싶었다. 물론 가끔 취재를 하다 보면 뭔가 분명히 잔인하고 심각한 사건인데, '병맛' 같은 요소가 있긴 했다. 그렇더라도 실제

내가 쓰는 소설에서처럼 그런 요소를 『수사연구』 「라이브 리포트」에 대놓고 드러낼 순 없었다.

다만 이전에도 나는 세상이 선과 악의 명확한 경계로 나뉜 곳이라는 믿음은 없었다. 인간은 흔들리는 회색빛의 담배 연기와 같다고 생각했다. 늘 쓰고 다니는 사회적 가면 뒤에 그 담배 연기 같은 매캐한 얼굴을 숨기고 있을 뿐이었다. 우리는 일상에서 가면을 보고 서로가 인간이라 믿으며 살아간다. 하지만 형사들이 강력 사건과 사기 사건에서 만난 범죄자들에게서는 우리가 평소 인간이라고 믿는 가면이 벗겨진 민낯이 순간순간 드러나는 때가 있었다. 나는 인간이라는 가면 뒤에 숨은 연기 같은 얼굴, 감정의 진폭, 빛과 어둠을 오가는 감정들에 대한 궁금증은 지니고 있었다.

물론 그 소재로 소설을 쓸 자신은 그때는 없었다. 처음에는 그저 어두운 진실이 묻어나는 이야기를 듣는 게 좋았다. 마치 옛날이야기를 좋아했던 어린 시절로 돌아간 듯한 기분이었다. 할머니에게 듣는 이야기는 아니고 덩치 큰 형사들이 둘러싸고 들려주는 대한민국의 괴담이자 진짜 현실인 범죄의 이야기였지만 말이다.

7.

친구를 살해하고 사체에 불을 지른 첫 번째 사건을 취재한 지 7년 후, 나는 2024년에 편집장의 직함을 달고 다시 취재를 위해 여 형사를 만나러 갔다. 내가 기자로 활동할 때보다 인터뷰 섭외가 쉽지 않았는데 여 형사는 쾌히 인터뷰에 응해주셨다(나는 항상 '형사님'이라고 부르는데 글에서는 '형사'라고 단호하게 지칭하는 게 살짝 어색한 감이 있다).

다시 만난 여 형사는 어제 만난 사람처럼 반가웠다. 살이 약간 빠지긴 했지만 여전히 인상 좋은 부드러운 얼굴이었다.

"형사님, 인터뷰 응해주셔서 감사합니다."

"아, 나도, 기자님. 그때 기억에 남아서 다시 한번 보고 싶었어요."

살집이 좀 있는 푸근한 중년 아저씨 여 형사는 내가 『수사연구』에서 일하면서 처음으로 만난 강력반 형사였다. 몇 년간 취재를 다녀보니 여 형사는 전형적인 강력반 형사와 닮았으면서도 살짝 다른 느낌이 있는 것 같았다.

사실 형사들마다 미묘하게 스타일이 다르기는 한데, 특히 강력반 형사 하면 느껴지는 비슷비슷한 분위기가 있다. 처음에는 큰 덩치와 매섭고 단호한 인상 탓에 기가 죽을 때도 있다. 하나 막상 대화를 나누다 보면 생각보다 순박하고 호쾌한 사람들이란 생각을 하게 된다. 그런데 가끔씩 사건 이야기를 하다가 날카로운 표정이 얼굴을 스쳐 간다. 그래서일까? 이들은 뭔가 복잡한 상황들을 예리하고 날카롭게 한번 툭 끊어내는 듯한 느낌을 줄 때도 있다. 물론 예외도 있다. 사제司祭의 분위기를 풍기거나 날렵한 은행원처럼 보이는 형사들도 있다. 하지만 역시 대다수의 강력반 형사들은 앞서 설명한 이미지인 경우가 많았다. 여 형사 역시 그런 강력반 형사의 전형적인 모습을 갖췄으면서도, 그들에 비해서 뭔가 편안하고 부드러운 말투로 사람을 안심시키는 특유의 힘이 있었다. '겁먹지 마. 겁먹을 필요 없어, 네가 편안하게 자백만 한다면.' 이런 식으로 사람을 홀리는 분위기가 있다고나 할까? 취재에서 내가 강력반 형사들을 만날 때마다 마음이 편했던 건, 아마 첫 살인 사건 취재 때 만난 여 형사에게 받은 그 편안함이 기억에 남아서인지도 모르겠다.

2024년 내가 다시 여 형사를 만난 것은 그의 '인생 사건'들을 취재하기 위해서였다. 여 형사는 세 가지 사건을 꼽았다. 하나는 영화 〈주유소 습격 사건〉의 실제 모델인

주유소 털이범을 잡았던 사건이었고, 또 하나는 시화호 갯벌에서 사체 머리가 나온 유명한 토막 살인 사건, 그리고 마지막 하나가 내가 『수사연구』 수습 시절에 처음 취재를 갔던 이 사건이었다.

이번에 여 형사는 범인 A씨를 도왔던 기자가 어느 신문사에 근무하는지도 알려주었다. 물론 그 내용을 여기에 적을 생각은 없지만. 하지만 내가 그보다 더 궁금했던 건 범인 A씨가 잔인하게 피해자를 살해한 이유였다.

"그때 범인인 A씨는 왜 그렇게 잔혹하게 피해자를 살해했을까요? 피해자의 휴대폰에 저장된 메시지를 보고 분노가 폭발한 걸까요? 그 메시지가 A씨의 심리적인 열등감을 건드린 것 아닐까요?"

여 형사는 예의 부드러운 미소를 지으면서 내게 말했다.

"그럴까요? 어쩌면 단순한 이유일 것도 같던데?"

"단순한 이유요?"

"당시 상황을 보면 범인이 피해자에게 돈을 더 뜯어내려고 했어요. 계속 칼로 찌르면서 위협을 했을 거란 거죠. 어차피 피의자는 친구가 죽거나 말거나 연민을 느낄 성격은 아니었으니까 말이죠. 그냥 돈만 더 뜯어내면 되는 거였겠죠."

여 형사는 여전히 특유의 부드러운 목소리로 살인의 밤에 대해 말해주었다.

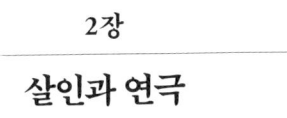

2장

살인과 연극

어느 날 중년의 그녀는 동거남에게 푸념을 늘어놓는다. 아파트 관리비를 내달라고 독촉하는 나이 든 어머니와 전화 통화를 한 직후였다. 이제 연로한 어머니가 차라리 돌아가시는 게 마음이 편할 것 같다고 말하고 잠을 청했다. 진심이 아닌, 그냥 옆에 있는 연인에게 부리는 투정 같은 것이었다. 그때는 행복했지만, 그 시절은 길지 않았다. 그녀는 동거남의 폭력적인 성향에 놀라 헤어졌다. 어느 날 다툼 끝에 동거남이 화장대 앞에 앉은 그녀의 목을 졸랐다. 그녀는 공포에 사로잡혀 서둘러 그 남자의 집을 떠난 것이다.

이후 일어난 사건은 살인 사건이었다. 피해자는 동거남

에게서 달아난 연인이 아니었다. 그녀의 어머니가 혼자 살던 아파트에서 사체로 발견된다. 추적 결과 살인범은 예상대로 과거 그녀와 동거했던 그 남자였다. 남자는 우발적인 살인을 주장하다 마지막 조사에서 의도적인 살인이라고 진술을 바꾼다. 피해자가 비명을 질러 우발적으로 목을 조르던 순간에 사랑하던 여자의 푸념이 떠올랐다고 했다. 그래서 목을 조르는 손에 계속 힘을 주었다고.

그것은 살인범의 연기였을까? 아니면 살인범의 진심이었을까?

1.

전라도 광주에서 일어난 이 살인 사건은 내가 수습기자 시절 두 번째로 취재를 갔던 사건이었다. 서울예대 극작과를 졸업해 살인 사건 현장을 연극 무대처럼 시각화해 볼 수 있는 편집장님이 동행했으며, 취재는 편집장님이 진행하고 기사는 내가 작성했다. 당시 편집장님을 통해 형사들에게서 수사결과보고서를 포함한 다양한 수사 서류를 빼앗는 노하우와 끝없는 도돌이표 질문으로 형사들을 괴롭히는 방법을 배웠다.

"그래서요? 그 증거를 찾은 지 사흘 전으로 한번 되돌아가볼까요? 잠깐, 그 사건 현장에서 본 것 중에 빼놓은 게 없는지 다시 한번 설명 부탁드려요."

편집장님은 사건 현장에 함께 있었던 것처럼 형사들이 사건의 처음부터 마지막까지 세세한 묘사를 해주기를 바랐다. 나 역시 편집장님 정도는 아니지만 강력 사건의 경우 사기 사건보다 사건 현장과 추적 당시의 상황에 대해 생생한 묘사를 부탁드린다. 실제 현장을 찍은 사진들을 받아오기는 하지만 형사들의 목소리로 현장 설명을 들어야 실제 현장에 와 있는 것 같은 취재 기사를 쓸 수 있다.

『수사연구』기자들은 사기 사건의 경우 큰 틀에서 논리적인 구조를 꿰어야 하고, 살인 사건의 경우 그 현장에 대한 디테일한 상황들을 재구성해서 정황을 파악할 수 있어야 한다. 그렇기에 살인 사건 현장을 연극 무대처럼 상상해서 보는 연극유추 기법은 굉장히 유용하다. 연극유추 기법은 경찰 퇴직 후 20년 가까이 경찰청 유일의 범죄수사연구관으로 활동 중인 김원배 선생님이 현직 시절에 개발한 기법이다. 중앙대학교 연극영화과에서 연출을 전공한 김원배 선생님은 항상 사건 현장을 연극 무대처럼 보고 기록했다. 살인 사건 현장을 연극 무대처럼 생각하고 살인범과 피해자를 배우로 상상하는 것이다. 그러면 사건 현장에서 살인범이 움직인 동선을 더 쉽게 그릴 수 있다. 또한 사건 현장에 떨어진 물건들이나 범행 도구가 어떤 과정을 통해 그곳에 있게 됐는지도 파악할 수 있다. 그 덕에 김원배 선생님의 사건 기록은 경찰 내에서 눈에 보일 정도로 생생하기로 유명했다.

당시 『수사연구』 편집장님도 극작과 출신이었기에 살인 사건 현장을 연극 무대처럼 보는 눈이 뛰어났다. 물론 그 무대를 재구성하기 위해서는 끊임없이 형사를 귀찮게 해야 했지만.

하나 이 사건에 대해 들려준 심 형사는 그런 우리를 귀찮아하지 않았다. 『수사연구』 인터뷰는 길면 두 시간 가까이 걸린다는 것을 어디선가 들으셨던 건지도 모르겠다.

"이 사건은요, 사건 현장이 일반적인 살인 사건과 다른 독특한 부분이 있었어요. 사체가 본인 거주 아파트의 거실이나 침실에서 발견된 게 아니라는 겁니다. 베란다 안쪽에 작은 창고가 있었는데, 사체가 그곳에서 발견됐어요. 이불에 싸여 있었고 물구나무서기를 한 모습으로 말이죠."

2.

사건은 2017년 6월 초 오전 8시경 A씨(여성, 40대 후반)

의 언니가 우연히 어머니 B씨(여성, 80대 초반)에게 걸려온 부재중 전화를 확인하면서 시작됐다. A씨의 언니는 깊이 잠들어 새벽 1시 38분에 온 전화를 받지 못했다. A씨의 언니는 B씨의 아파트 인근에 거주하는 A씨에게 전화를 걸어 어머니 집에 가보라고 했다. A씨는 어머니가 거주하는 아파트에 방문했다. 아파트에는 아무도 없었지만 집 안에 가방과 신발이 없어 B씨가 잠시 외출한 것으로 생각했다. 하지만 그날 밤늦게까지 연락이 없자 자매는 실종 신고를 하기에 이른다.

자매는 파출소 경찰과 함께 자정을 넘은 시각에 어머니의 집을 다시 방문했다. 방 안을 둘러보던 두 딸은 미처 발견하지 못했던 이상한 점을 찾아냈다. B씨는 평소 매트 위에 얇은 이불을 깔아두는데 그 이불이 사라진 것이었다. 게다가 경찰관이 장롱을 열어보니 그 안에 덮는 이불과 베개가 놓여 있었다. 자매는 그 점도 수상하다고 생각했다. 평소 어머니는 바닥에 이불과 베개를 그대로 두고 생활했기 때문이다. 겉보기엔 크게 이상한 점은 없었지만 일상의 루틴대로 흘러가는 무대에 누군가 침입해 들어온 것이었다.

즉 연극유추 기법에 따르면 이미 이 '살인 사건'의 무대에는 수상한 점이 있다. 일반적으로 장롱 속에 이불과 베개가 있는 것은 당연하다. 하지만 이 집주인의 평소 생활 패턴을 볼 때, 장롱 속에 이불과 베개가 있다는 건 집주인이 아닌 누군가가 그것을 장롱에 넣어뒀을 가능성이 높은 것이었다. 하지만 두 자매는 이 무대를 모두 둘러보았다. 그때 뒤늦게 무대에 등장한 젊은 경찰이 말문을 연다.

경찰: 혹시 베란다는 보셨나요?

이 대사 한마디에 무대의 상황은 급변한다.
두 자매는 이 집에서 유일하게 베란다만 보지 않았다. 경찰관은 베란다로 나가 한쪽 끝에 있는 창고 문을 열었다. 그곳에 사라진 이불에 싸인 사체가 거꾸로 뒤집힌 채 틀어박혀 있었다.
"자, 여기까지 들었으니까. 이제 물구나무선 사체가 어땠는지 자세하게 설명해주세요."
그리고 사건 밖에 또 하나의 연극 무대가 있다. 구체적인 설명을 반복해서 원하고 수사 서류를 더 얻어가려는 『수사연구』 기자단과 성실하게 설명은 하지만 어디까지 수사 서류를 건네줘야 하는지 속으로 가늠해보는 형사가 있다.

편집장님의 말에 심 형사가 팔짱을 끼고 고개를 끄덕였다.

"물구나무를 선 사체는 피가 얼굴에 쏠려 시반이 얼굴에만 몰려 있는 상태였어요. 그리고 사체 옆에 B씨의 신발과 구두가 놓여 있었고요."

"혈흔은요? 살인 사건 현장이잖아요?"

"현장에 혈흔이 없었어요. 감식을 했는데 타인이 침입한 족적, 물색의 흔적도 없거니와, 현관의 잠금장치도 파괴되지 않았다니까요. 현관문 번호 키를 알고 있는 사람 혹은 피해자가 순순히 문을 열어줄 법한 면식범의 소행일 확률이 높은 사건이었어요."

"자, 그럼 이제 다시 한번 이 사체가 발견된 베란다 구조가 어땠는지 설명 부탁드릴게요."

심 형사는 한숨을 쉬고 이번에는 직접 서류 뒷면에 아파트 구조와 베란다를 그림으로 그리기 시작했다. 무대 평면도와 흡사한 스케치였다. 그림에 대한 설명이 끝나자 편집장님이 말했다.

"이 그림, 저희가 가져가겠습니다."

3.

한편 수사팀은 사건 발생 장소가 아파트였기에 사건 당일로 추측되는 날짜에 나타난 용의자를 찾아내기 쉬울 거라 생각했다. 하지만 놀랍게도 해당 동 아파트의 공동 현관과 엘리베이터 CCTV가 모두 고장 난 상태였다.

결국 강력반 형사들은 과거 살인 사건이 일어나면 그러했듯 서둘러 탐문 수사에 집중했다. 조사 결과 B씨의 두 딸은 타인의 원한을 살 행동은 하지 않았다. 다만 최근 A씨가 동거남 C씨(남성, 40대 초반)와 헤어졌다는 사실을 알게 됐다.

두 사람은 성인 오락실에서 만나 사랑에 빠졌고 4년간 함께 살았다. 하지만 A씨는 특별한 직업 없이 일용직을 전전하는 이 남자에게 미래가 보이지 않아 언젠가부터 자주 이별을 요구했다. 다툼이 심해졌고 결국 사건 발생 보름 전인 5월 중순경 A씨는 C씨의 집을 도망치듯 빠져나왔다. 그날 A씨가 얼굴에 스킨을 바르고 있었는데, C씨가 달려들어 그녀의 목을 조른 것이었다. 이 사건으로 A씨는 좌측 성대에 피가 고여 2주간 치료를 받기도 했다.

수사팀이 A씨에게 C씨의 신원에 대해 묻자 그녀는 뜻밖의 대답을 했다. 이미 그가 광주 북부경찰서에서 강간상해 혐의로 수배 중이라는 것이었다. 알고 보니 C씨는 A씨와 헤어진 후 그녀를 찾아 돌아다니다가, A씨의 친구인 D씨(여성, 50대 초반)를 찾아갔다. C씨는 D씨가 A씨를 꼬드겨 본인과 헤어지게 했다고 앙심을 품고 있었다. C씨는 커피나 한잔하자고 D씨를 자기 원룸으로 데려가서 이런저런 대화를 나누었다. 그러다 D씨의 흰머리를 뽑아주겠다며 접근해서, 근육질의 몸으로 그녀를 덮쳐 침대 위로 끌고 갔다. C씨가 팔로 목을 힘껏 감아 조르자 D씨는 정신을 잃었다. C씨는 D씨의 옷을 벗기고 성폭행을 시도했지만 발기가 되지 않아 삽입에 실패했다. 그 사이 정신을 차린 D씨가 비명을 질렀고, 그에 C씨가 놀라자 D씨는 서둘러 도망쳤다. 당시 D씨는 심하게 목이 졸려 코와 입, 귀에서 피를 흘릴 정도였다.

이후 D씨는 C씨를 성폭행 혐의로 고발했다. 이 사건으로 C씨는 휴대폰을 꺼놓고 거주지에서도 잠적했다. 수사팀의 조회 결과 C씨는 전과 7범에, 10대 후반이었던 1993년 소년보호에 처해진 적이 있었고, 2010년에는 전자수리 기사로 일하다가 가정주부를 식칼로 협박한 뒤 성폭행해 징역 2년 6개월에 집행유예 4년형을 받았다.

4.

수사팀은 C씨의 얼굴이 찍힌 CCTV를 찾아 동분서주하다 사건 현장인 아파트 쪽으로 이동하는 C씨의 모습이 담긴 CCTV를 찾아냈다. 수사팀은 근처 편의점 CCTV를 통해 더 선명한 모습의 C씨 영상을 찾아냈다. 그는 큰 키에, 반팔 티셔츠, 토시, 등산복 바지를 입은 짧은 머리의 남자였다.

A씨에게 캡처한 영상을 사진으로 출력해 보여주니, C씨가 틀림없다면서 그가 일용직 근로자들이 머무는 근로자 대기소에 있을 가능성이 높다는 사실도 알려주었다. 수사팀은 추가로 확보한 범행 추정 CCTV에서 피해자의 거주지로 이동하는 C씨의 모습도 찾아냈다. 그는 검은 바지에 검은 반팔 티셔츠, 쿨 토시까지 모두 검정색으로 맞춰 입고 있었다. 게다가 그날은 부슬부슬 비가 내렸는데 쓰고 있던 우산까지 어두운 색이었다. 그 말을 듣고 있자니 무언가 암흑을 몰고 다니는 섬뜩한 남자의 이미지가 머릿속으로 스치듯 지나갔다.

수사팀은 C씨를 체포하기 위해 6월 7일 밤 근로자 대기소 앞에 잠복했지만 C씨는 자정을 넘겨 날이 밝을 때까지 나타나지 않았다. 그런데 6월 8일 밤 A씨에게 걸려온 한 통의 전화로 수사는 급물살을 탔다.

사실 수사팀의 심 형사는 사전에 벌써 A씨에게 부탁을 해두었다.

"아무래도 C씨가 A씨에게 집착하는 것 같았어요. 그러니 뭘 하겠어요. 분명히 그놈이 전화를 걸 거라고 생각했죠. 만일 전화가 걸려오면 최대한 친절하게 받으면서 시간을 끌고, 함께 있는 가족에게 휴대폰 화면을 보여줘라, 이렇게 딱 부탁을 했습니다."

그리고 심 형사의 예상대로 C씨가 A씨에게 전화를 걸었다. 그녀는 가족에게 휴대폰 창에 뜬 공중전화 번호를 수사팀 쪽으로 전달해달라고 부탁했다.

수사팀은 C씨가 A씨와 통화하는 동안 A씨의 가족이 전달해준 공중전화 번호를 통해 C씨의 위치를 파악했다. 하지만 수사팀이 도착했을 때 C씨는 사라진 후였다. 그러나 한 통의 전화가 다시 걸려왔고, 수사팀은 차를 몰고 역주행까지 해가며 재빠르게 다음 공중전화 부스까지 이동했다. 그리고 이내 공중전화 부스 안에서 모자를 푹 눌러쓴 남자를 발견했다. 남자는 아직도 A씨와 통화 중이었다. 수사팀은 다급하게 공중전화 부스 안으로 들어가 6월 8일 밤 9시 55분 남자를 긴급체포했다.

가까이에서 본 C씨의 얼굴은 CCTV와 똑같았고, 영상에서는 알 수 없었지만 한쪽 눈이 심한 사시였다.

5.

C씨는 순순히 범행을 인정했다. 심지어 형사들이 자신에게 다가오는 것도 알고 있었다고 말했다. 공중전화에서 들려오는 A씨의 말투가 달콤했기 때문에 도망칠 수 없었다고 했다. 헤어지자고 화를 낼 때의 목소리가 아닌, 처음 만나 서로 사랑을 느낄 때의 그 포근한 목소리였다는 것이었다. C씨는 그 목소리가 달콤했지만 가짜라는 것을 알고 있었다고 했다. 형사들에게 체포된 후 심한 저항을 하지 않은 이유는 다시 한번 A씨의 다정한 목소리를 들었으니 목적한 바를 이루었다는 것이었다.

이후 네 차례에 걸친 C씨의 신문이 이뤄졌다. C씨는 A씨와 헤어진 후 B씨가 거주하는 아파트 주위를 매일 배회했다. 집을 나간 A씨가 어머니의 집에 살고 있을 거라 짐작했기 때문이다. 그는 B씨가 사는 정확한 동 호수도 알고 있었다. A씨의 심부름으로 몇 차례 생필품을 전해주러 간 적이 있었기 때문이다. 6월 5일 C씨는 B씨의 아파트 주변을 배회하다 한번은 아파트 계단에서 숨어 A씨가 도어 록 비밀번호를 누르는 장면을 포착했다. 그리고 그 번호를 외워두었다.

6월 6일 밤 C씨는 몰래 B씨의 집으로 들어갔다. 그는 바로 안방으로 들어갔다. 과거 A씨가 어머니와 함께 살던 시절에 안방을 썼다는 말을 들은 적이 있어서였다.

"C씨는 잠든 A씨를 깨워 용서를 빌 생각이었다고 했어요. A씨는 그의 인생에서 처음으로 그를 사랑해준 여자니까. 그런 여자 없이는 살 수 없을 것 같았다고 했죠. 하지만 잠을 깨워보니, A씨가 아니라 그 어머니인 B씨였던 거지. 근데 C씨의 말로는 자기가 당황한 사이에 B씨가 비명을 지르니까, 놀라서 일단 혼절시킬 생각으로 목을 졸랐다는 거예요. 그런데 죽어버렸다는 거지."

C씨는 우발적인 행동 때문에 B씨가 사망하자 자신도 놀랐다고 증언했다.

그는 서너 시간 정도 비상계단에 앉아 있다가 다시 아파트 안으로 들어갔다. 어떻게든 사체를 감출 생각이었다. C씨는 처음에 장롱에 사체를 넣을 생각이었다. 하지만 사후 경직으로 무거워진 사체를 들 수가 없어 이불째 질질 끌어서 베란다의 창고에 집어넣었다. 사체가 물구나무서기 자세로 발견된 것은 베란다 창고가 너무 좁아서였다.

일단 머리부터 먼저 집어넣고 하체를 마지막에 욱여넣은 것이었다.

"그러고서 피해자의 외출로 위장하려고 가방과 옷, 신발을 함께 창고에 집어넣었대요. 집에서 나올 때는 B씨의 휴대폰을 들고 나오고. 혹시라도 A씨에게 전화가 오면 직접 받을 생각으로다가."

C씨는 아파트 근처 공원에서 기다리다가 6월 7일 오전 9시경 A씨가 아파트 단지 안으로 들어가는 모습을 멀리서 지켜보았다고 했다. A씨가 아파트에서 나오는 것 같지 않아, 직접 B씨의 거주지 앞까지 찾아갔다고 했다. 하지만 현관문에 귀를 대보니 아무도 없는 것 같아 되돌아 나왔다는 것이었다. 그사이 그는 B씨의 휴대폰을 잃어버렸다고 진술했다.

C씨는 1차부터 4차 신문에 이르는 동안 자신의 살인에 대해 세세하게 진술했다. 그런데 갑자기 4차 신문에서 진술을 바꿨다. B씨의 목을 조르기 시작한 것까지는 우발적이었지만, 갑자기 A씨의 푸념이 떠올라서 멈추지 않았다고 한 것이다.

A씨는 암 수술 받은 후 경제적 상황이 어려워져 어머니의 아파트 관리비를 제때 못 주고 있었다. 하지만 B씨는

A씨에게 연락해 빨리 관리비를 보내라고 독촉하곤 했다는 것이다. 그때 A씨가 푸념조로 나이 든 노모가 빨리 세상을 떴으면 좋겠다고 말했다고 했다. C씨는 그 말이 기억나서 B씨의 목을 계속 졸랐다고 진술했다. 우발적 살인에서 의도적 살인으로 진술이 바뀐 것이었다. 물론 그에게 유리한 진술은 아니었다.

C씨의 진술이 어떤 이유에서 나온 것인지 당시의 나로서는 짐작이 가지 않았다.

사랑했던 여인을 위해서 살인을 저질렀다는 마지막 진술이 A씨의 귀에 들어가길 바랐던 것일까? 형사들의 동정을 받기 위한 연기였을까? 아니면 비록 불리하다고 해도 자신의 살인을 정당화하기 위한 무의식적인 변명이었을까? 아니면 사랑과 집착을 구분하지 못한 남자의 기괴한 고백이었을까? 이 복잡한 감정에 대해서 나는 잘 판단이 서지 않았다.

하지만 무슨 이유에서인지 편집장님은 C씨가 진술한 부분에 대해서는 다시 심 형사에게 묻지 않았다. 사랑과 집착, 살인이 얽힌 이야기란 원래 논리적으로 분석할 수 없다고 생각해서였을까?

나 또한 긴 시간 살인 사건 취재를 하면서 느끼고 있다.

한 인간이 살인에 이르는 논리의 왜곡에는 복잡한 감정들이 뒤엉켜버린 불쾌한 덩어리 같은 것이 있다고 본다. 어느 순간부터인가 일반적인 현실 인식이 아닌 왜곡된 시선으로 대상을 바라보며 분노나 집착 등의 감정들을 키워가는 경우가 많았다.

취재 인터뷰가 끝나자마자 편집장님은 고개를 끄덕이고는 테이블 위에 있던 수사결과보고서에 슬며시 손을 올리면서 말했다.

"수사결과보고서는 저희가 가져가고요. 혹시 범인 4차 신문까지 했던 서류도 받아 갈 수 있을까요?"

심 형사는 우리를 빤히 쳐다보았다.

"아아, 그건 안 되겠는데요."

하지만 편집장님은 아직 이 무대에서 퇴장할 작정은 아니었다.

"혹시 제가 형사님 자리에 앉아 경찰청 KICS(형사사법포털)에 접속해서 기사에 필요한 서류를 고를 수는 없을까요? 예전에 제가 살인 사건 취재를 했을 때는 그렇게 자주 했거든요."

물론 심 형사는 이번에도 똑같은 대답이었다.

"아아, 그건 안 되겠는데요."

3장

내 심장을 겨눈 형사

노래방 주인은 새벽에 일을 마치고 차를 몰고 가게 밖으로 나왔다. 그런데 마지막까지 남아 있던 단골손님들이 주인 앞에 슬그머니 나타났다. 단골손님들은 주인에게 같은 방향이니 태워달라고 했다. 주인은 두 명의 남성을 차 조수석과 뒷좌석에 태워주었다. 하지만 차 문을 닫는 순간까지도 그것이 그녀 생의 마지막 날이라곤 생각조차 못했을 것이다.

그녀는 다음 날 아침 충남 아산 갱티고개에서 피투성이 사체로 발견됐다. 머리카락과 얼굴까지 온통 피투성이의 모습이었다. 피해자의 사체는 금방 발견됐지만 억울한 죽음의 이유는 쉽게 밝혀지지 않았다. 이 미제 사건은 갱티고개 주변을 지날 때마다 꼭 사건의 실체를 밝히겠다고 생각한 형사의 집념 덕에 15년 만에 해결됐다. 한편 범인은 공소시효가 끝날 때까지 숨어 있었지만 하나는 알고 둘은 미처 몰랐다. 태완이법 통과 이후 공소시효가 폐지된 것은 알지 못했던 것이다.

1.

『수사연구』를 위한 강력 사건 취재를 다니면서 본의 아니게 수많은 살인 사건 현장을 촬영한 사진들을 매달 본다. 어떤 사체는 칼에 난자당해 피투성이에 상처 안쪽으로는 내장이 보이며, 방과 거실은 온통 검붉은 색으로 말라붙은 혈흔으로 가득하다. 그런 사진을 보면 처음에는 솔직히 속이 불편했다. 광기에 눈을 부라리며 흉기를 휘두르는 살인자의 모습이 눈앞에서 어른거리는 기분이 들기도 했다. 이런 피투성이 사체 외에 다른 사체의 사진들도 있었다. 불타버린 사체는 새카맣게 변해 흔적도 보이지 않는 경우가 많았다. 물에 불은 사체는 피부색이 변하고 거인처럼 부풀어 올라 있었다. 암매장한 사체들은 미라 같은 단단한 돌덩이의 형상을 하고 있을 때가 많았다. 어떤 사체는 아예 흔적이 없었다. 플라스틱 용기 속에 액

상으로 남아 있을 뿐이었다. 토막 난 사체들은 그 잘린 부위의 관절을 볼 때마다 미간이 찌푸려졌다. 살인 사건은 아니지만 과학수사 원고를 받은 적이 있었는데, 나무에 목을 맨 사체가 그대로 부패해 목이 길게 늘어난 형상의 사진이 너무나 기괴했다. 그렇다 보니 아무런 살인과 부패의 흔적이 없는 백골 사체가 가장 깔끔하다는 생각이 들 정도였다.

수많은 사체 사진을 형사들에게 받아왔지만 내가 제일 처음 접한 피투성이 사체 사진은 세 번째 취재 때였다. 첫 번째 취재 때는 사체 사진을 받지 못했고, 두 번째 취재 때는 사체가 목이 졸려 죽고 물구나무서기를 하고 있어 얼굴에 시반이 몰려 있었지만 피는 거의 보이지 않았다.

나는 세 번째 취재 때 처음으로 피 칠갑을 한 사체 사진을 보았다. 그것도 너무나 당황스러운 순간에 사진을 보았다. 당시 심장이 쿵 내려앉던 기분을 잊을 수 없다. 그 기분을 이 미제 사건의 범인 역시 똑같이 느꼈다고 한다.

2.

2017년 7월이었다. 선배 기자도 편집장님의 도움도 없이 오롯이 홀로 떠난 첫 취재였다. 나는 2002년 4월 갱티고개에서 일어난 미제 살인 사건의 범인을 체포한 형사를 인터뷰하기 위해 충남 아산경찰서를 찾아갔다. 경찰서까지 걸어가는 길이 은근히 멀어서 이마에 흐르는 땀을 닦으며 투덜댔던 기억이 난다.

 사실 이 사건 자체는 워낙 유명한 미제 살인 사건이었다. 2002년 충남 아산 초사동 갱티고개에서 세 달 간격으로 두 건의 살인 사건이 일어났다. 갱티고개는 주민들이 즐겨 운동하는 등반 코스였다(취재 7년 후에 경찰대학 교수님들과 『수사연구』 일로 몇 차례 만날 일이 있었는데, 그때 갱티고개가 현재 경찰대학이 위치한 곳에서 그리 멀지 않다는 걸 알고 놀랐다). 첫 번째 사건은 2002년 4월 18일이었다. 한 등산객이 아침 운동 중에 등산로 옆 비탈에 쓰러져 있는 피투성이 사체를 발견한다. 당시 수사팀의 지문 감식 결과 피해자 A씨(여성, 40대 중반)는 남편과 사별 후 아산에서 노래방을 운영하는 업주였다.

 수사팀은 A씨의 차량도 찾아냈다. 용의자는 이 차량을 범행에 사용한 듯했는데, 차량 조수석에서 담배꽁초와 안전벨트에 묻은 혈흔이 발견됐기 때문이다. 하지만 범인이 장갑을 사용하거나 지문을 지웠는지, 용의자를 특정할 만한 지문은 발견되지 않았다.

대신 DNA 감식 결과 담배꽁초에 묻은 침과 안전벨트의 혈흔에서 동일한 유전자가 나왔다. 한편 피해자의 바지에서도 혈흔이 나왔는데 이 혈흔은 유전자가 달랐다. 공범이 있을 가능성이 높아진 것이다. 실제로 피해자는 여성이었지만 170센티미터가 넘는 장신이어서 남자 혼자서 사체를 옮기기가 쉽지 않아 보이기도 했다. 또 피해자 A씨의 혈흔이 차량에서 발견되지 않은 것으로 보아, 함께 차량을 타고 범행 장소로 이동했을 것으로 보였다.

 아마 2010년대에 이 사건이 일어났다면 용의자는 금방 잡혔을 것이다. 그 주변 CCTV에 용의자의 동선이 그대로 찍혔을 테니까. 하지만 2002년만 해도 차량 발견 장소 주변에는 CCTV가 없었다.
 수사팀은 용의자가 고속도로를 타고 도주하면서 피해자의 카드로 현금을 인출한 사실을 확인했다. 야구 모자를 푹 눌러쓴 용의자가 현금을 인출하는 CCTV 사진도 확보했다. 그런데 7월경에 갱티고개에서 또 한 차례 살인 사건이 일어났다.
 연쇄살인 의심까지 가능할 만큼 심각한 상황이었다. 당시 아산경찰서만이 아니라 내로라하는 프로파일러들까지 갱티고개 살인 사건 수사에 참여했다. 하지만 아쉽게도 조수석에서 발견된 흔적의 DNA와 일치하는 사람을 찾지 못했다. 또 피해자의 바지에서 발견된 혈흔은 본 살인 사건과 상관없이 노래방에서 손님들과 벌어진 다툼 때문에 생긴 것으로 밝혀졌다. 결국 범인이 한 명일지, 두 명일지도 알 수 없는 상황이 되어버렸다. 결국 DNA가 일치하는 용의자를 찾지 못한 이 살인 사건은 공소시효가 지나 미제 판정을 받았다. 하지만 2015년 국회에서 태완이법이 통과되면서 강간치사, 폭행치사, 상해치사를 제외한 살인 사건의 공소시효는 폐지되었다.

3.

취재 당일 내가 만난 아산경찰서 강력3팀 팀장 김 형사는 2002년에는 둔포파출소에서 근무 중이었다. 그는 큰 키에 눈이 부리부리해서 갑옷을 입혀놓으면 그대로 사극 속의 무사로 보일 것 같은 외모였다. 나도 작은 키는 아니었지만 몸이 마른 편이어서인지 마주 보고 있자니 기가 죽는 기분이었다.

김 형사가 먼저 말했다.

"저는 평소 이 사건에 관심이 많았습니다."

"특별한 이유가 있으신가요?"

"이 사건이 저와 인연이 깊다고 생각했거든요."

김 형사는 갱티고개 살인 사건 수사에 참여한 적은 없었지만 이 사건에 대해 잘 알았다. 2013년 그리고 2015년에도 제보를 통해 경찰의 재조사가 이뤄졌기 때문이다.

"저는 머릿속으로 이 사건을 자주 떠올리곤 했어요. 특정한 지역 때문이죠."

"갱티고개 때문에요?"

"아니요, 갱티고개도 잘 알지만 제가 떠올린 곳은 범인들의 마지막 도주로였어요. 그 길이 제겐 아주 익숙한 길이었죠."

김 형사는 고교 시절 통학 버스를 타고 다녔는데 범인들의 도주로가 그의 고교 시절 통학로였다. 그래서 범인들이 그 도주로를 이용해 도망갔다고 생각할 때마다 이상한 기분이 들었다는 것이다. 또 범인들이 어떤 방식으로 도주로를 이용해 경찰 몰래 달아났을지도 짐작이 됐다.

마침내 2017년 김 형사가 이끄는 충남 아산경찰서 강력 3팀이 이 사건을 담당하게 됐다. 운명처럼 이 사건이 15년 만에 김 형사의 손에 들어온 것이었다. 김 형사는 충남지방청 프로파일러, 과학수사 요원들과 함께 범죄 분석 회의를 거쳐 이 사건을 다시 수사했다.

"지난 시절의 수사 기록 서류를 쌓아놓고 천천히 2002년으로 돌아갔죠."

김 형사는 갱티고개 미제 살인 사건이라는 무게에 짓눌리지 않고, 당시의 사건 그대로 객관적으로 검토해볼 계획이었다. 그러자 이 사건에 대한 실마리가 희미하게 보이기 시작했다.

"다행히 사건이 일어날 당시, 피해자가 운영하던 노래방이 위치한 기지국 내의 전화 통화 내역을 모두 조사한 자료와, 노래방에 손님들이 두고 간 명함들에 적힌 전화번호에 대한 서류가 남아 있었어요."

김 형사는 추측 범행 시간인 새벽 2시 30분에서 오전 10시 36분까지의 노래방이 위치한 지역의 기지국 통화 내역 자료에 집중했다. 그리고 해당 통화 내역과 피해자가 운영하는 노래방에 찾아온 손님들의 명함에 적힌 전화번호를 일일이 대조했다. 그 작업 끝에 드디어 살인 사건이 일어난 새벽의 통화 내역과 일치하는 명함의 전화번호를 발견했다.

사건이 일어난 4월 18일 새벽 5시 38분, 피해 차량 발견 장소와 노래방이 있는 반경 기지국에서 누군가 명함의 주인에게 전화를 걸었다. 단 역발신 추적이어서 당시 명함 주인이 위치한 기지국은 파악이 불가능했다.

"명함 주인에게 전화를 건 전화번호의 가입자가 누구인지 조사하려 했지만, 아쉽게도 15년 전이라 자료가 남아 있지 않더군요."

하지만 명함의 주인은 이 갱티고개 살인 사건과 밀접한 관련이 있는 자로 밝혀졌다.

B씨(남성, 50대 초반)는 살인 사건이 벌어졌을 때는 30대의 젊은 나이였다. 그는 당시 명함 때문에 탐문 조사를 받은 남자였다. 심지어 B씨는 피해자가 운영하는 노래방의 단골손님이었다. 그뿐만이 아니었다. 2013년 피해자의 돈을 인출한 동선과 관련이 있다는 제보로 참고인 조사도 받았다.

"그런데도 B씨가 용의자로 의심받지는 않았나요?"

"당연히 형사들이 의심을 했죠. 하지만 DNA가 달랐어요."

2013년 당시 수사팀은 그에게 흡연을 유도해 담배꽁초에서 나온 DNA를 감식했지만 용의자의 것과 불일치했다. 돈을 인출하는 CCTV 영상 속 모자를 푹 눌러쓴 남자는 마른 체격이었다. 하지만 당시 경찰의 조사를 받은 B씨는 건장한 체격이었다.

   김 형사는 2013년 B씨를 조사한 형사를 찾아갔다. 해당 형사는 B씨가 주범은 아니라도 범행에 관여했을 가능성이 높다고 판단했다고 했다. 그래서 당시에도 조사 이후 B씨의 휴대폰과 집 전화의 통화 내역 등을 분석했지만 특이한 점을 찾지 못했다.

4.

   나는 김 형사의 이야기를 들으며 2002년과 2017년의 시공간을 오가는 기분이었다. 그만큼 김 형사는 당시 상황들과 현재의 수사 과정을 오가며 드라마틱하게 말했다. 어떤 형사는 인터뷰에 단답형으로 말하고 어떤 형사는 삼천포로 빠지기도 한다. 하지만 대부분 자기가 맡은 사건에 대해서는 그때 그 자리에 있었던 것처럼 생생하게 전달하는 능력이 탁월했다.

   김 형사에 따르면 B씨가 수상한 이유가 또 있었다고 했다. 그는 2013년 참고인 조사 당시 내연녀 '은지'(가명)를 만나러 갈 때 외에는 고속도로를 타는 일이 없다고 진술했다. 하지만 알고 보니 조카의 이름이 '은지'였다. B씨가 순간적으로 '은지'라는 이름을 둘러댔을 가능성도 있었다.

그 외에도 B씨가 수상한 점은 또 있었다. 어린 시절 갱티고개 주변에 살았다는 것. 그리고 30여 년 전 칼을 들고 택시 강도를 일으킨 유사 범죄 전력까지 있었다.

"사건 자체는 미제였지만, 수많은 정황 증거들이 B씨를 가리키고 있었죠."

김 형사는 수많은 정황 증거들을 모았다. 183센티미터인 그의 키보다도 더 높게 쌓아올린 자료였다.

"그래서 체포영장이 발부됐어요?"

궁금증을 참지 못한 내가 물었다.

김 형사는 고개를 끄덕였다.

"그럼요, 마지막으로 B씨를 조사할 기회를 얻어냈죠. 물론 만나기 전에 저는 시뮬레이션을 했습니다."

김 형사는 B씨의 자백을 이끌어낼 질문 200여 개를 준비했다. 그는 질문을 숙지한 뒤 눈앞에 B씨 대역의 형사를 앉혀놓고 시뮬레이션을 한 것이다. 이번에 그를 놓치면 영영 잡을 수 없을 것 같았기에 철저한 준비를 한 것이다.

"제 앞에 앉은 형사에게 B씨의 입장에서, 그놈에게 빙의된 것처럼 대응하라고 했죠. 그랬기에 우리 둘 모두 긴장한 채로 조사를 이어갔습니다. 처음에는 편안한 질문으로 마음을 놓게 한 다음 갑자기 옭아매듯 날카로운 질문으로 파고들었죠. 용의자 역할을 맡은 형사는 나중에 분노와 피로감을 호소했어요. 그 형사를 지켜보면서 어떤 순간에 용의자를 코너로 몰아가야 할지 감을 잡을 수 있었죠."

수사팀은 B씨의 신원을 추적해 6월 21일 아산 온천동의 한 성인 PC방 앞에서 그를 검거했다. 그는 형사들을 보고 흠칫 놀라는 기색이었다. 하지만 오래전부터 이 순간을 준비해온 사람처럼 감정의 동요를 들키지 않으려 애쓰는 눈치였다.

5.

김 형사는 갱티고개 살인의 유력한 용의자 B씨를 앉혀 놓고 조사에 들어갔다. 시뮬레이션 한 대로 조사를 진행했다. 진술 녹화실 벽 너머에서는 수사팀과 수사과장, 경찰서장이 마른침을 삼키며 그 상황을 지켜보았다.

김 형사는 2002년 갱티고개 사건을 B씨에게 복기시키면서 동시에 그의 긴장감을 풀어주었다. 진술 녹화실에 앉자마자 B씨는 오히려 증거를 내놓으라며 소리를 질렀다. 하지만 김 형사가 부드러운 표정으로 그의 이야기를 들어주자 서서히 그는 긴장의 끈을 놓았다. 2013년 참고인 조사를 받던 때처럼 태연하게 자신의 행적을 거짓으로 둘러댔다.

그렇게 일곱 시간이 지났다.

태연히 B씨의 진술을 듣던 김 형사는 그의 앞에 놓여 있던 A4용지 한 장을 뒤집어 들이댔다. 그리고 김 형사는 그 이야기를 하면서『수사연구』기자인 내게도 똑같은 행동을 취했다. 갑자기 뒤집힌 종이 한 장을 내게 내밀며 앞면을 보여준 것이다.

"헉."

목이 절개된 상태로 피범벅이 된 피해자의 얼굴을 확대해서 인쇄한 사진이었다. 피에 젖은 머리카락이 이마와 얼굴을 덮고 있었다. 순간 단 한 장의 사진이었지만 왈칵 그 살인의 현장으로 끌려들어 간 기분이었다. 나는 준비되지 않은 상황에서 피투성이 사체의 사진을 마주하고 나도 모르게 기겁했다.

그 사진을 본 갱티고개 미제 살인 사건의 용의자 B씨 역시 당황해서 아무 말도 하지 못했다. B씨는 겁에 질려 피해자의 피투성이 얼굴만 곁눈질로 바라보다 손으로 입을 틀어막고 헛구역질을 해대기 시작했다. 잠시 후 진정된 그는 김 형사에게 담배 한 대를 요청했다.

용의자가 형사에게 담배 한 대를 요청하는 것. 그건 대부분의 살인 사건에서 자백으로 가는 코스다. 예상대로 그는 범행을 자백했다. 하지만 자신은 주범이 아니고 조선족 C씨(남성, 30대 후반)가 범행을 주도했다고 말했다.

6.

2002년 당시 B씨와 C씨는 함께 폐기물 공장에서 근무했다. 하지만 공범 C씨는 2006년 출국한 것으로 기록이 남아 있었는데, 그 이전에 한국에 입국한 날짜가 없었다. 수사팀은 C씨를 밀입국자로 판단하고 밀입국 자료를 조사했다. C씨의 당시 사진을 B씨에게 보여주자 그가 공범이 맞는다고 대답했다.

"B씨는 C씨가 한국에 없다고 생각하고 있었어요. 하지만 추적해보니 C씨는 2014년 한국에 재입국해서 월급도 400만 원씩 받으며 잘 지내고 있더군요."

수사팀은 C씨 명의의 휴대폰과 소유 차량을 확인하고 그를 경기도 시흥의 주소지 주변에서 긴급체포했다.

C씨는 모든 범행을 부인했지만, B씨가 자백했다고 하자 담배 한 대만 피우게 해달라고 요청했다. 그러면서 피해자 A씨의 목을 칼로 그은 건 본인이 맞지만, 모든 계획

은 B씨가 세운 것이라고 말했다.

  2002년 두 사람은 폐기물 공장에 다닐 당시 술값으로 월급을 탕진했다. B씨가 유흥비를 충당하기 위해 단골 노래방 주인 A씨를 살해하자고 말했다는 것이었다. 직접 총포상에서 C씨에게 칼도 하나 사 주었으며, 범행 전날에는 노래방 주위를 배회하며 시뮬레이션까지 했다. 이들의 범행 사인은 B씨의 헛기침이었다.

  2002년 4월 18일 새벽 2시 30분, 이 두 남자는 A씨 노래방의 마지막 손님이었다. 하지만 이들은 가게를 나간 후에도 집에 돌아가지 않고 A씨를 기다렸다. A씨가 가게를 정리하고 나오자 자신들의 주거지가 멀지 않으니 차를 좀 태워달라고 했다.

  두 남자는 단골손님이었기에 A씨는 의심 없이 둘을 차에 태웠다. 뒷좌석에는 C씨가, 조수석에는 범행을 계획한 B씨가 앉았다. 조금 뒤 B씨가 헛기침을 하자 곧바로 C씨가 칼을 꺼내 A씨의 목에 들이댔다. 그런 다음 B씨가 C씨에게 칼을 넘겨받아 A씨의 목에 칼을 들이댄 채 운전석으로 옮겨 앉으며 A씨를 조수석에 앉게 했다. 그러고 나서 갱티고개로 이동했다.

범인들은 야비하기 그지없었다. A씨가 돈은 다 줄 테니, 목숨만은 살려달라고 했지만 B씨는 지갑을 압수하고 신용카드 비밀번호까지 알아낸 뒤 매정하게 그 부탁을 거절했다. 이어 C씨가 안전벨트로 피해자의 목을 조르기 시작했다. 숨이 막혀온 A씨는 살기 위해 본능적으로 C씨의 손가락을 깨물었다. 그 바람에 안전벨트에 혈흔이 묻은 것이었다. 혹시나 일이 틀어질까 걱정한 B씨는 A씨에게 올라타 오른쪽 갈비뼈가 부러지고 간이 파열될 때까지 구타했다.

"그럼 피해자는 차에서 사망한 것인가요?"

"기절은 했지만 숨은 쉬고 있었다고 해요. 그래서 범인들이 피해자를 갱티고개까지 끌고 올라가 살해하기로 마음먹은 거죠."

"갱티고개가 단순 사체 유기 장소가 아니었군요?"

"저희도 처음에는 그렇게 생각했어요. 왜냐하면 비산흔(외부에서 가해진 충격으로 생긴 상처에서 흩어진 혈액)이 현장에 없었으니까요. 그런데 사체의 손등은 말끔한데, 양 손바닥이 피로 흥건하게 적셔져 있었죠. 당시에는 저희도 그 이유를 알지 못하다가, C씨의 진술을 듣고 그 이유를 알게 됐죠."

갱티고개에서 C씨는 B씨에게 칼을 건넸다. 하지만 B씨는 자신은 소름이 끼쳐서 이런 일을 할 자신이 없다며 다시 C씨에게 칼을 돌려주었다고 했다.

그게 단골 가게의 주인을 강도 살인 할 작전을 세우고 구타해서 죽음 직전까지 몰고 간 남자의 입에서 나온 말이었다. 소름이 끼쳐서 칼로 사람을 죽일 수 없다니. 하지만 B씨는 사람을 칼로 찌르는 게 두려웠던 게 아니라, 증거를 남기는 게 두려웠는지도 몰랐다. 밀입국자인 C씨가 지문 조회에 걸릴 일이 없으니 칼을 쓰는 게 맞는다는 말을 덧붙였다는 것이다.

C씨는 피해자 A씨를 엎어놓고 바닥과 목 사이로 칼을 집어넣어 날렵하게 그었다. 그때 기절한 A씨가 순간적으로 깨어나 본능적으로 목을 감쌌다. 그 바람에 붉은 피가 손바닥을 적시고 땅바닥으로 계속해서 스며들었다. 피는 주변으로 퍼지지 않고 그렇게 갱티고개의 흙 속으로 스며들었다.

그런데 왜 범인들은 피해자의 사체를 사람들의 눈에 잘 띨 만한 곳에 던져놓은 것일까? 사실 두 사람은 사체를 등산로 아래 컴컴한 어둠 속으로 던졌다. 하지만 사체가 나뭇가지에 걸리는 바람에 등산로에서 멀지 않은 비탈에 떨어진 것이었다.

피해자의 시신은 불과 몇 시간 뒤 발견됐지만 그녀를 살해한 범인들이 세상에 나타날 때까지는 15년이 걸렸다. 세상에서 가장 잔혹한 강도처럼 살인 행각을 벌인 두 범인의 이후 행적은 각자 달랐다.

B씨는 15년의 세월 동안 자신의 범행이 드러날까 전전긍긍하며 지냈다. 그는 혹시나 신원이 들킬까 두려워 일용직으로 전국을 떠돌며 지냈다. 그는 태완이법이 시행된 것을 모르고 공소시효가 지나자 아산으로 돌아와 친인척의 돈을 빌려 성인 PC방을 개업했다. 공범인 C씨는 수갑을 차는 그 순간에야 드디어 마음이 편해졌다 고백했다고 한다.

7.

나는 이 사건을 통해 처음으로 피투성이 사체의 사진을 보았다. 그 후로도 매번 수많은 사체 사진을 받아왔다. 그렇더라도 담담해지는 건 아니었다. 여전히 죽음에 이른 사체의 사진, 그것도 피투성이 사체의 사진을 무덤덤하게 바라보긴 힘들다.

아무리 『수사연구』 기자라도 그렇다. 하지만 억울하게

죽은 이들의 사진에서 공포는 느끼지 않는다. 정작 두려운 것은 따로 있다. 그것은 뜨거운 피를 지닌 인간, 그 뜨거운 피를 참지 못해 탐욕에 이르고 살인까지 저지르며, 정작 결정적인 순간에 겁을 먹는 그 치졸한 인간의 민낯을 살인 사건에서 볼 때다. 형사들과의 인터뷰에서 인간이란 존재의 진짜 얼굴을 마주할 때마다 공포와 혐오는 물론 허탈한 감정에 휩싸이곤 한다.

한편 2002년 갱티고개에서 일어난 또 다른 살인 사건은 아직도 미제로 남아 있다.

2002년 7월 피해자 A씨가 발견된 장소와 비슷한 곳에서 사체가 발견됐다. 2002년 7월 25일 조리실에서 근무하던 D씨(여성, 40대)는 남편에게 출근한다는 말을 남기고 집을 떠났다. 하지만 이후 연락이 되지 않았고 남편이 실종 신고를 하고 나서 갱티고개에서 사체로 발견됐다. 사인은 질식사였다. 그런데 몸에는 자동차 타이어로 밟고 지나간 흔적이 남아 있었다.

당시 피해자 D씨를 태운 택시의 운행 기록은 지워진 상태였고, 이 택시를 교대로 운전한 기사는 두 명이었다. 하지만 당시 형사들은 두 명의 택시 기사에게서 추가적인 혐의를 찾을 수가 없어 더 이상 수사는 진전되지 않았다.

이 사건은 아직까지 미제로 남아 있어, 미제 사건 수사팀에서 계속해서 범인을 찾고 있는 중이다.

4장

갱뱅과 라캉

갱뱅은 여러 명의 남녀가 함께 성행위를 하는 것을 지칭하는 용어다. 사이버수사대의 형사는 우연히 갱뱅 모임 모집 게시 글을 인터넷에서 보고, 수사를 위해 직접 신청해 현장에 투입된다.

모임에 참석한 남성들과 여성은 사전에 영상 촬영에 동의한 이들이었다. 경찰 조사 결과 몇 차례 이어진 모임에서 참가 남성들의 연령대는 다양했으며 직업 또한 군인, 자영업자, 공무원, 교사 등 제각각이었다. 경찰 조사에서 참가자들은 음란물로 본 갱뱅의 판타지를 꿈꿨지만, 그 현장이 결코 흥분되지 않았다고 진술했다. 오히려 상상과 달리 그 상황이 불쾌하고 역겨웠다고 말하는 참가자가 대부분이었다.

프랑스의 대표적인 정신분석학자 자크 라캉은 "성관계는 없다."라고 했다. 판타지 속의 섹스를 그대로 현실로 옮겨올 수 없다는 것이다. 오히려 판타지 속의 섹스를 현실에서 억지로 구현하려 할 때, 어떤 상황에 이르는지 이 사건의 피의자 진술을 통해 알 수 있다.

1.

E채널에서 범죄 예능〈용감한 형사들〉이 방영된 후『수사연구』편집부에서는 이 프로그램이 화제였다. 당시〈용감한 형사들〉시즌 1부터 다뤘던 2000년대 사건들 거의 대부분이『수사연구』의「라이브 리포트」에서 기자들이 수사결과보고서와 취재를 바탕으로 열심히 썼던 기사들이었다. 심지어『수사연구』편집부로 형사들이 전화를 걸어와서 "혹시 제가 수사한 사건이 수록된 잡지 좀 보내주실 수 없나요?"라고 물어보기도 했다.〈용감한 형사들〉의 섭외를 받았는데 당시 사건이 잘 기억나지 않으니『수사연구』과월호를 다시 읽어보고 싶다는 것이었다.

당연히 우리가 취재한 사건과 흡사하게 전개되는 방송 내용이 썩 흥미롭지는 않았다. 오히려 편집부에서는 좀 쓸쓸한 마음이었다. 우리나 과거 선배 기자들이 발품 팔고 가끔은 형사들과 입씨름하며 취재한 기사들의 고갱이가 날름 방송용으로 편집되는, 그런 기분이었다고나 할까?

물론 〈용감한 형사들〉 측에서 열심히 추가 취재를 했겠지만 분명 방송 초반에는 『수사연구』의 많은 부분이 섭외용 혹은 자료 조사용으로 쓰인 것으로 보였다. 1980년대부터 2020년대까지 그 많은 강력 사건을 자세히 다루며, 형사들의 신상까지 명확하게 드러난 다른 잡지는 어디에도 없기 때문이다. 실제로 〈용감한 형사들〉의 초창기, 섭외 단계에서 『수사연구』를 참고한 것이 사실이라는 걸 여러 루트로 확인하기도 했다.

하여간에 그런 이유로 전 편집장님은 〈용감한 형사들〉의 방송 시청을 힘겨워했다. 편집장님은 〈용감한 형사들〉 이야기를 할 때마다 늘 쓸쓸한 표정을 지었는데, 눈동자는 소리 없는 아우성을 지르는 깃발처럼 흔들리곤 했다. 게다가 당시 『수사연구』의 상황이 어려워서 월급 지급까지 미뤄지고 있었다. 우리는 급여조차 제대로 받지 못하는 상황인데 『수사연구』「라이브 리포트」와 흡사한 예능은 넷플릭스에서 승승장구 중이었다. 그런 자괴감이 편집장님의 『수사연구』 퇴사 이유에 큰 몫을 했다고 들었다. 내가 취재한 사건들도 여러 차례 방송되긴 했지만 사실 나는 그냥 씁쓸한 정도의 기분이었다. 한번쯤 『수사연구』에 대해 이야기해주면 좋겠다고 생각한 정도?

나 또한 〈용감한 형사들〉의 방송 내용이 내가 취재하거나 『수사연구』 과월호에서 본 사건들이 대부분이라 딱히 흥미롭지는 않았다. 그래도 내가 취재한 사건을 담당한 형사들이 방송에 출연하면 반갑기는 했다. 특히 화면상에서의 그분들 모습이 흥미로웠다. 당연히 내 관전 포인트는 사건 해결 과정이 아닌 형사들의 모습이었다. "오호, 저 분이 말재주가 없는 분이 아닌데, 왜 저렇게 버벅거리나." 따위의 생각을 하며 시청했던 것 같다.

나중에 내가 편집장이 된 후 〈용감한 형사들〉 제작팀을 서면으로 취재할 기회도 생겼는데, 알고 보니 스튜디오에 큰 대본이 있고 형사들이 그 대본을 읽는다고 했다. 사실 대본이 없어도 은근히 말을 잘하는 게 형사들인데 말이다. 물론 범인 앞에서 보이는 프로의 모습과 달리 카메라 앞에서는 아마추어처럼 얼어버릴지도 모르지만 말이다.

이처럼 내가 취재한 여러 강력 사건들이 〈용감한 형사들〉을 통해 방송을 탔지만, 이건 절대 방송을 탈 수 없을 거라 생각한 사건이 하나 있었다. 내가 취재한 사건 중에서도 굉장히 난감했던 것이었다. 『수사연구』에 들어갈 사진의 모자이크 수위를 어느 수준으로 설정해야 할지 고민했다. 잔혹해서가 아니라 지나치게 날것의 사진이었기 때문이었다.

이 사건은 살인 사건은 아니다. 인천경찰청에서 해결한 집단 성매매 사건인데, 수많은 남자들이 벌거벗고 대기하던 모텔로 형사가 직접 들어갈 뻔했다.

2.

2017년 겨울에 취재한 이 사건은 인천경찰청 사이버 범죄수사대에서 수사한 사건이었다. 당시만 해도 사이버 범죄가 여러 갈래로 막 분화되기 시작하던 시기였다. 『수사연구』는 시대에 따라 기자들이 주로 취재하는 사건의 트렌드가 달라진다. 누군가는 과학수사와 관련된 취재를 했고, 누군가는 수도권 일대에서 벌어지던 살인 사건을 주로 취재했다. 내가 『수사연구』의 기자가 됐던 때는 막 사이버 범죄가 수면 위로 올라오던 때였다. 지금은 해킹, 피싱, 투자 사기 등등 사이버 범죄 역시 다양하게 분화했다. 하지만 내가 처음 취재를 시작한 2017년 정도만 해도 사이버 범죄는 다른 범죄를 위한 플랫폼 역할을 하는 경우가 많았다. 그렇기에 사이버 범죄수사대 형사들은 주로 몰카 등 성 착취물이나 개인정보 DB 등을 판매하는 불법 사이트를 검색하곤 했다.

내가 취재한 박 형사 역시 그렇게 불법 사이트들을 검색하던 중 눈에 띄는 인터넷 게시판을 발견했다. 게시판의 이름은 '갱뱅 모임'이었다. 해당 게시판에서는 갱뱅 모임 멤버를 모집 중이었다.

"무슨 의미인지 아시죠?"

순진한 '컴돌이' 인상의 박 형사가 물었다. 실제로 박 형사는 IT 특채로 경찰이 되어 사이버수사대의 형사로 일하는 분이었다.

"아……. 알죠."

나는 뭔가 애매모호한 표정을 지으려 노력했다. 알고는 있지만 좋아해서 알게 된 건 아니다, 라는 의미로.

"그 게시판을 발견한 날이 작년 9월 5일이었죠."

박 형사는 그날 이후 갱뱅 모임 게시판을 샅샅이 훑어

보았다. 게시판에는 여러 차례 모임이 이어진 흔적이 남아 있었다. 후기 글은 물론 적나라한 후기 사진까지 올라와 있었다. 물론 그 사진에는 여러 남자의 알몸과 한 여자의 알몸이 있을 뿐 얼굴까지 나온 사진은 없었다. 이 게시판에서는 이전 모임의 적나라한 갱뱅 사진을 다음 참가자 모집의 미끼로 썼다. 모임 참가비는 16만 원이었다. 그리고 다음 모임 날짜는 2017년 9월 10일이었다.

박 형사는 게시판의 양식에 맞춰 지원 글을 썼다. 게시판에 비밀 댓글로 연락처 및 간단한 자기소개를 남기는 것이었다.

"진짜 연락이 올까? 사실 그런 마음이 들었어요."

"아, 수사를 본격적으로 시작할 마음으로 댓글을 남긴 건 아니었나요?"

"네, 어쩌면 피싱 사이트처럼 돈만 요구하는 모임일 수도 있잖아요."

그런데 박 형사는 퇴근 후 밤 11시가 다 되어 한 통의 메시지를 받았다. 갱뱅 모임 운영진이 보낸 메시지였다. 박 형사는 베테랑 사이버수사대 형사인 선배 박 형사에게 먼저 연락을 취했다.

"제가 알고 있는 그 박 형사님이시죠? 해외로 도주한 해커에게 강남의 갑부인 척 메시지를 보내서 국내로 유인한?"

나는 슬쩍 아는 척을 했다. 그 사건은 내가 바로 직전에 취재한 해커 검거 사건으로, 이번과 같은 수사팀에서 해결한 사건이었다.

나름 드라마틱한 구석이 있던 사건이었다.

고아 출신의 가난한 해커가 조선족 해커와 함께 일하기 위해 해외로 갔다. 해커는 중국 청도에 거주하면서 해킹으로 습득한 개인 정보 DB를 팔기 위해 게시판에 글을 올렸는데, 인천청의 선배 박 형사가 그 글을 보고 해커에게 연락을 취했다. 물론 형사가 아니라 강남에서 맨손으로 성공한 갑부로 위장했다. 오랜 기간 메시지를 주고받으며 해커는 형사, 아니 갑부에게 인간적인 부성애 같은 걸 느꼈다. 그리하여 해커는 갑부의 부름에 따라 한국으로 귀국했다. 그와 대화를 나눈 갑부는 해커에게 함께 사업을 해보자고 제안했다. 하지만 그를 기다린 것은 갑부가 아닌 형사들이었다. 해커를 유혹한 형사의 '로맨스 스캠'인 셈이었다. 물론 체포된 이후에도 해커는 형사를 원망하는 대신 교도소에서 반성문 같은 편지를 직접 써서 보내기까지 했다.

하지만 갱뱅 모임 사건은 이렇게 훈훈한 전개는 기대할 수 없는 사건이었다.

후배 박 형사는 선배 박 형사와 회의 끝에 신분을 위장하고 해당 모임에 참가하기로 결정했다.
"어떤 신분으로 위장하셨어요?"
"제 원래 직업이었던 IT 쪽이라고 했죠. 다행히 의심은 받지 않았고, 저는 9월 10일 수원역 인근의 모텔에서 해당 모임이 진행된다는 걸 알게 됐습니다."
박 형사는 이들의 요청에 따라 욕실에서 찍은 전신 셀카까지 보내야 했다. 물론 해당 사진에서 옷은 입고 있었다.
한편 수사팀은 곧바로 박 형사에게 연락이 온 전화번호를 통해 페이스북 가입 내역을 확인해 운영자 A씨(남성, 30대 중반)의 신원을 알아냈다.

3.
9월 10일 인천경찰청 사이버수사팀 형사들은 약속 장소인 수원역의 모텔 인근에서 대기했다. 박 형사는 약속 장소인 모텔 옆 필로티 구조의 상가 아래 주차 공간으로 이동했다.

"그러면서 '운영자님이 사전에 요청한 대로 도착했습니다'라는 메시지를 보냈죠."

주차 공간에는 여러 명의 남자들이 모여 담배를 피우고 있었다. 그들은 서로 얼굴을 보지 않았다. 민방위 소집 때의 풍경처럼 어색한 상황이었다.

"남자들 연령대가 어땠어요?"

"다양했어요. 평범한 중년 남자도 있었고, 머리를 노랗게 염색한 20대 초반의 날티 나는 남성도 있었습니다."

잠시 후 사람들이 모두 모이자 A씨와 또 다른 운영자로 보이는 마른 체격의 B씨(남성, 20대 중반)가 나타났다. 두 사람은 신분증 검사를 시작하겠다고 말했다.

사실 성매매 업종에서 신분증 검사는 굉장히 중요한 절차가 됐다. 얼마 전 인터뷰 자리에서 만났던 풍속계 형사에 따르면 최근 오피 성매매 업주들은 남성들의 휴대폰을 철저하게 검사한다고 한다. 월급명세서, 카카오톡 메시지를 나누는 사람들, 갤러리 사진까지 확인한다고 했다. 혹시라도 경찰의 함정 수사일까 우려해서다. 그 신분증 검사까지 통과해야 성매매 여성이 있는 오피스텔 호실로 올라갈 수 있다고 했다. 참으로 지난하고 험난한 절차구나, 싶기도 했다. 하지만 2017년 갱뱅 모임의 주최자는 이보다는 덜 까다로운 방식으로 신분증 검사를 했다. 하지만 풍속계가 아닌 사이버수사대의 박 형사는 이런 식의 신분증 검사가 있을 거란 예상을 하지 못했다.

"일단 처음에는 선배 박 형사와 나눈 메시지를 확인하고 삭제했어요. 거기까지는 큰 문제가 없었죠. 그런데 본격적인 신분증 검사 때 문제가 생겼죠. 명함을 보여달라고 하는데, 제가 가지고 있는 명함은 형사 명함이잖아요."

"거기까지는 미처 생각을 못 하셨군요."

"맞아요. 등에서 막 식은땀이 흐르는데 일단 여기서 동료 형사들을 불러야겠다는 판단이 섰죠."

후배 박 형사는 다른 참가자들의 명함 검사를 하는 사이 서둘러 선배 박 형사에게 메시지를 보냈다. 곧바로 현장으로 검은 승합차가 들이닥쳤다. 갱뱅 모임 참가자들은 차에서 내린 건장한 남자들을 보고 모두 겁에 질렸다.

선배 박 형사가 누가 운영자냐고 묻자, 후배 박 형사는 손가락으로 A씨와 또 다른 남자 B씨를 가리켰다. 그제야 운영자 두 사람은 원망스러운 눈으로 후배 박 형사를 바라보았다. 한편 모텔 안 대기실에서는 두 남자가 알몸으로 기다리고 있었다. 두 사람은 형사가 들이닥치자 황당한 표정으로 눈만 깜빡였다. 이들은 이전에 갱뱅 모임에 참여한 참가자로 주최 측의 별 보안 검사 없이 먼저 알몸으로 기다리고 있던 것이었다.

수사팀은 이날 참가한 남성들을 신원 확인 후에 돌려보내고 운영자들만 체포했다. 하지만 갱뱅 모임을 운영하는 주범 C씨(남성, 30대 초반)와 여성 참가자는 나타나지 않았다. 오후 2시가 넘어도 A씨에게 연락이 없자 불안한 낌새를 느끼고 현장에 나타나지 않은 것이었다.

4.

운영자 A씨와 B씨는 주범의 일을 돕는 조력자 역할을 하고 있었다. 이들은 모두 미혼에 평범한 직장인들이었다. A씨는 사귀는 여자 친구는 없고 유흥이나 성매매로 성생활을 즐기는 타입이었다. B씨는 여자 친구와 헤어진 후 호기심을 갖고 갱뱅 모임에 참여했다가 깊이 빠져들었다.

"두 사람은 바람잡이 역할도 했어요."

"바람잡이요?"

"네, 참가자들은 호기심에 갱뱅 모임에 참여하긴 했지만 사람들이 둘러보는데 나서서 여성과 성관계를 맺는 게 쉽지는 않았다고 해요. 상상과 달리 아예 발기도 되지 않는 사람이 많았대요. 그럴 때 A씨와 B씨가 먼저 나서서 시범을 보였다고 해요. 특히 커다란 덩치의 A씨는 직접 여성 참가자와 행위를 시작하면서 참가자들에게 이런 방식으로 애무를 해라, 조교처럼 설명을 해주기도 했답니다."

"그럼 주범은 그 행위에 참여를 안 하나요?"

"주범은 갱뱅에 참여는 안 하고 현장에서 사진만 찍었어요. 약속대로 얼굴은 나오지 않고 벌거벗은 몸만 나오는 사진들이었죠. 이 사진을 여러 유흥 게시판에 올려 다음 모임 약속을 잡는 데 활용했고요."

"약속 장소는 수원역의 해당 모텔에서만 했나요?"

"네, 그 모텔 8층에 침대 두 개가 들어갈 만큼 굉장히 큰 대형 룸이 있어서 항상 그곳이 모임 장소였습니다."

이 모텔에서 총 29회의 갱뱅 모임이 있었고 매번 집단 성매매 현장이 촬영됐다.

매주 일요일 오후 3시, 수원의 한 모텔 8층으로 열다섯 명에서 스무 명의 남자들이 우르르 올라갔다. 운영자들은 혹시라도 있을 불법적인 촬영을 막기 위해 참가자들의 휴대폰을 수거했다. 참가자들은 커튼이 모두 내려져 있고 조명이 어두운 8층의 대형 룸으로 들어갔다.

이 안에서 A씨와 B씨가 갱뱅 모임의 공지 사항을 전달했다. 여성 참가자의 의사에 반해 강제로 성행위를 하는 것은 절대 금지. 콘돔은 필수 착용. 그리고 후기 부탁.

공지 사항 전달 후 남자들은 한 명씩 샤워실로 들어가 몸을 씻고 나왔다. 이후에는 모임이 끝날 때까지 절대 옷을 입을 수 없고, 대형 룸 밖으로 나갈 수도 없었다.

한편 옆방에는 주범 C씨가 여성 참가자와 대기 중에 있다. C씨는 여성 참가자를 직접 픽업해서 데려오고 그녀에게 특별한 드레스 코드를 요청하기도 했다. 그러면 여성 참가자는 기모노나 오피스 룩, 심지어 교복 등을 입고 대기한다. 대형 룸에서 모든 준비가 끝나면 C씨는 여성 참가자에게 50여만 원의 수고비를 현금으로 주고 대형 룸으로 함께 이동했다.

여성 참가자가 침대에 눕는다고 해도 먼저 나서는 남성 참가자는 거의 없었다. 그럴 때면 A씨가 먼저 침대로 올라가 시범을 보이며 참가자들을 유도했다. 여성 참사자는 A씨의 성기를 손으로 만지거나 입에 넣어 발기시켰다. A씨는 콘돔을 끼고 행위를 이어갔다. 다른 참가자들도 마찬가지의 방법으로 발기가 되면 콘돔을 착용하고 젤을 바르고 삽입과 사정의 과정을 이어갔다. 그리고 점점 많은 사람들이 집단으로 참여하면 주범 C씨는 그 모습을 휴대폰으로 촬영했다. 그는 감독처럼 참가자들에게 '뒤로 돌아', '엎드려'라는 식으로 포즈를 요청하기도 했다.

 하지만 이 모임에서도 모두가 흥분하지는 못했다. 어떤 참가자들은 아예 처음부터 발기가 되지 않았다. 그 경우에는 침대에 올라갈 자격조차 안 됐다. 관계 중에 발기가 풀린 참가자도 뒤로 빠져서 쓰던 콘돔을 버리고 샤워 후에 다시 발기를 시켜야 했다. 관계 중 암내 등 몸에서 나쁜 냄새를 풍기는 참가자도 배제되었다. 콘돔 착용 후에는 원활한 삽입을 위해 젤을 잔뜩 발라야 했지만 여성 참가자의 몸에 젤을 닦는 행위는 절대 금지였다.

 한편 침대에서 멀리 떨어진 테이블에는 운영자들이 배달해놓은 중국 음식이 있었다. 침대 위로 올라가지 못한 참가자들은 중국 음식을 먹거나 TV를 시청했다. 혹은 발기되지 않는 성기를 손으로 만지며 침대 위의 행위만을 지켜보았다.

 한편 40분 정도의 집단 성교 후에는 20분 정도의 휴식 시간이 주어졌다. 여성 참가자는 옷을 입고 작은 방으로 건너가 휴식을 취했다. 이런 과정이 세 세트가 이어진 뒤에 마무리됐다. 그러면 주범 C씨는 여성 참가자를 차에 태워 다시 집까지 데려다주었다.

5.

수사팀은 A씨와 B씨 그리고 주범 C씨를 성매매 알선 혐의로 입건했다. 이 중 주범 C씨는 구속, 다른 운영자들은 불구속 기소됐다.

"주범 C씨는 어떤 사람이었어요?"

"평범한 직장인이었어요. 회계 업무를 보고 있었고 종교는 개신교였죠. 다만 겉으로 드러난 것과 달리 이미 성범죄 전과가 있었어요. 2013년에 아동 청소년 강제 추행, 2017년 성매매 알선 혐의로 검거되어 이미 재판 진행 중이었죠."

"여성 참가자를 모집한 사람은 C씨였나요?"

"맞아요. 랜덤 연애 채팅에서 여성 멤버들을 구했죠. 여러 남자와 성관계를 하는 건데, 몰카는 아니니 걱정은 말라는 식으로 상대방을 설득했어요. 상대 여성이 어느 정도 호의적인 반응을 보이면 직접 만나서 섭외에 들어갔죠."

박 형사에 따르면 화술 좋은 C씨는 단숨에 50만 원도 벌 수 있고 안전한 일이라며 걱정하는 여성들을 설득했다. 이런 식으로 여성들을 모임에 끌어들이다가 위장 수사 중이던 여경에게 꼬리가 잡혀 성매매 알선 행위로 검거되어 재판 중이었다. 하지만 그 와중에도 계속해서 갱뱅 모임을 이어간 것이었다.

C씨는 수사팀에 컴퓨터를 임의 제출했다. 하지만 하드디스크에는 갱뱅 모임 관련 자료라고는 아무것도 없었다. 하지만 IT 특채 출신의 박 형사는 5분 만에 사라진 하드디스크의 기록을 복원시켰다. 그러자 집단 성매매 모임에서 촬영된 300매의 사진이 순식간에 나타났다.

"C씨에 대해 기억에 남는 점이 있으세요?"

"신문이 이어지면서 본인이 섹스 중독인 것 같다는 말을 했어요. C씨는 섭외한 여성 참가자와 사전에 미리 성관계를 갖기 때문에, 갱뱅 모임에서는 사진만 촬영했죠. 그는 이런 식으로 자극적인 만남을 운영하는 재미에 맛을 들인 것 같다고 했어요."

수사팀이 남성 참가자 200여 명의 신원도 확인했다. 직업은 군인, 공무원, 교사, 자영업자 등 다양했다.

모임 참가자들은 경찰 조사에서 자신의 행위에 대해 부인했다. 대다수는 현장에 나가지 않았다고 둘러댔다. 이미 기지국 조사를 통해 모텔 주변에 있었던 것으로 확인이 됐는데도 말이다. 심지어 갱뱅 모임 운영진이 보유한 파일에 기록이 남아 있는데도 말이다. 또 참가하지 않았다고 말한 이들 중에는 갱뱅 모임 후기까지 올린 남성 역시 있었다. 현장에는 있었지만 성관계는 하지 않았다고 주장하는 사람들도 있었다. 하지만 운영자들은 참가자들이 발기가 되지 않아도 처음에 여성 참가자와 유사 성행위는 했다고 증언했다.

"다만 참가자 중 한 번 이상 참여했던 사람들은 손에 꼽을 만큼 적었어요."

"왜 그럴까요?"

"포르노에서 그런 장면을 볼 때는 막 흥분됐는데, 정작 그 상황에서는 자극적이지도 흥미롭지도 않았다고 해요. 오히려 더러운 기분이 들었고 흥분조차 되지 않았다고 했어요. 그래서 호기심에 참여했지만 후회한다는 사람들도 많았죠."

"보여주신 후기 글을 보면 대부분 아주 좋았다고 쓰여 있던데요?"

"주범 C씨가 후기 글을 남기지 않으면 자신들에게 보내준 신상이나 사진을 유포할 거라고 협박해서 어쩔 수 없이 썼다고 했죠."

한편 수사팀은 여성 형사를 통해 여성 피의자들의 조사도 진행했다. 20대 초중반의 일반인이나 대학생이었던 여성 피의자들은 모든 혐의를 인정했다. 그런데 그중 두 명의 여성은 갱뱅 모임이 자신의 취향일 뿐 성매매는 아니었다고 말했다. 실제로 C씨의 증언에 따르면 이 두 여성은 수고비를 받지도 않았다.

이들은 C씨의 요청에 따라 교복 차림으로 집단 성관계를 하는 장면을 연출했다. 수사팀은 운영자들과 이 두 명의 여성 참가자들은 아동 음란물 제작 및 유포로 입건했다. 이 여성들이 성인임을 알면서 사진을 찍었으니 아동 음란물 제작으로 볼 수는 없었다. 하지만 연출된 사진만으로 판단하면 교복을 입은 어린 여성이 다수의 남성과 성관계를 하거나 윤간당하는 장면이었다. 결국 아동 음란물 유포 죄와 관련 헌법재판소에서는 헌재결정례에서 가상의 아동 청소년 이용 음란물 배포 등을 실제 아동 청소년이 등장하는 음란물 배포와 동일한 법정형으로 규율했다. 아동 청소년 대상의 성적 행위를 표현했다면 그 수위의 구분 없이 동일한 법정형으로 규율하는 것이 평등 원칙에 어긋나지 않는다는 결정이었다.

6.

나는 당시 수사팀을 통해 사체 사진이 아닌 갱뱅 모임에 참여한 벌거벗은 사람들의 사진을 자료로 받았다. C씨는 참가자들과의 약속대로 신상이 드러나지 않도록 얼굴 없이 행위하는 알몸만을 찍었다. 오히려 얼굴이 없는 그 사진들의 몸은 인격이 사라진 포르노그래피 배우들처럼 보였다. 하지만 나는 취재를 통해 전혀 자극적이지 않고 오히려 어색한 그 순간의 현장 분위기에 대해서 들은 상태였다. 모텔 8층의 벌거벗은 남자들을 통해 "진정한 성관계는 없다."라는 라캉 말의 현실판 상황을 들여다본 기분이 들기도 했다. 그들은 가장 자극적인 포르노그래피의 주인공이 된 장면을 상상하고 갔지만, 현실에서 그들은 상당수 위축됐고 몇 명은 뒤에서 짜장면이나 먹었을 것이었다.

이 사건 기사의 마감 조판 작업도 쉽지 않았다. 대부분의 사체 사진은 성기 부위, 잔혹한 상처 등을 모자이크로 가린다. 하지만 남녀의 성기 부위가 드러난 적나라한 집단 성교 사진은 어떻게 모자이크를 해야 하나 편집부에서 고민했다.

편집장님의 안전주의 원칙에 따라 철저하게 모자이크를 했다. 그랬더니 이건 집단 성교가 아닌 깨진 픽셀 조각처럼 보였다. 그래서 이번에는 모자이크의 밀도를 좀 줄였더니 성기 부분, 특히 수많은 남성기가 너무 대놓고 드러났다. 그래서 성기마다 검정 띠로 가렸더니 오히려 그게 더 음란물 표지처럼 보였다. 결국 조판 디자이너의 꼼꼼한 작업으로 사진 속에서 가장 적나라한 곳만 검정 띠로 가리고 나머지는 모자이크를 섬세하게 조절했다. 침대에서 벌어지는 일이 어떤 상황인지는 파악할 수 있지만 도색 잡지가 아닌 수사 전문지 성격의 모자이크로.

"이 정도로 하면 안전할까요?"

당시 기자였던 내가 물었다.

"일단 우리가 모자이크를 했다는 게 중요하죠. 거기에 의미가 있잖아요."

그렇게 그 사진은 갱뱅 모임의 유인 사진에서 수사 전문지의 증거 자료 사진으로 탈바꿈했다.

수사 전문지 모자이크에는 그런 의미도 있는 것이다. 라캉식으로 해석하면 음란물과 범죄 증거 사이의 베일 역할을 하는 것이다.

5장

창밖에 사체가 보였다

사체가 바닷물에 떠밀려 해변으로 온다. 이런 일은 바닷가 마을에서는 흔한 일이다. 하지만 어떤 경우에는 자살인지, 타살인지 판별하기가 애매한 경우도 있다. 경남 통영에서 일어난 이 사건 역시 마찬가지였다. 언뜻 보기에 사체에 타살의 흔적이 보이지 않았다. 희미하게 긁힌 상처가 있을 뿐이었고, 인근에서 사망자의 것으로 보이는 소지품도 발견됐다.

  사체는 자살이라고 판명해도 아무 문제가 없어 보였지만 세 명의 형사들은 이 죽음이 자살이란 확실한 증거가 드러날 때까지 계속해서 수사를 이어갔다. 하지만 어떤 수사는 익숙한 길로 가다가 낯선 길모퉁이를 돌게 된다.

그 길모퉁이를 돌면 지금까지의 모든 추리를 뒤집는 또 다른 증거가 발견된다. 이 사건 또한 자살 사건 수사에서 길모퉁이를 돌자 타살로 수사 방향이 바뀌었다.

1.

어린 시절 내가 살던 곳에는 바다가 없었다. 나는 초등학교 6학년 수학여행 때 처음으로 바다, 그것도 둑 너머로 보이는 푸른 바다를 처음 보았다. 그 후로 바다는 내게 늘 가고 싶은 곳, 멀리 여행을 떠나고플 때 생각나는 낭만적인 장소였다. 그래서 어른이 된 이후에 바다로 일 년에 한두 번은 떠났다. 뜨거운 햇볕 아래 모래사장을 거닐어도 좋았다. 비바람이 몰아치는 새벽에 친구들과 파도를 바라봐도 좋았다. 바다는 언제나 설렘을 주는 공간이었다.

하지만 『수사연구』 기자가 되면서 내게 바다는 다른 공간으로 변했다. 바닷가 근처 해수욕장지구대에 취재를 갔을 때 처음 경찰 생활을 시작한 여경의 말이 기억난다. 사시사철 해변으로 떠밀려 오는 사체들을 처리하는 일이 그렇게 많다고 했다. 젊은 순경의 말이 아니어도 바다와 죽음은 이미 내 머릿속에 하나의 연결 고리로 각인됐다. 우연히 바다로 떠밀려 온 사체 때문에 살인 사건의 수사가 시작되는 일은 적지 않았다. 2017년 여름에 취재를 갔던 통영해양경찰서의 사체 유기 사건 역시 마찬가지였다.

이 사건은 단순 자살로 처리될 수도 있었던 사건이다. 하지만 해양 경찰들의 끈질긴 추적 끝에 결국 사체를 유기한 범인을 찾아냈다. 그것도 세 명의 젊은 해경들이 발로 뛰면서 사건의 실체를 밝혀나갔다.

2.

2017년 7월 5일 오전 바닷가 굴 가공 공장 '참맛수산'(가칭)을 운영하는 부부는 잠시 휴식을 취하려고 2층 휴게실로 올라왔다. 그들이 휴게실 창밖을 내다보는데, 이상한 물체가 눈에 들어왔다. 옷을 입은 마네킹이 바다 위를 둥둥 떠다니는 것이었다. 부부는 누가 마네킹을 버렸나 잠시 생각하고는 다시 일에 집중하느라 신경 쓰지 못했다. 그런데 같은 날 점심시간에 부부는 다시 창밖을 내다보고 깜짝 놀랐다. 오전에 본 마네킹이 마을 앞 10미터 해상까지 밀려왔는데, 가까이서 보니 마네킹이 아닌 사람의 사체였다. 부부는 서둘러 통영해양경찰서에 신고했다.

"이 사진이 사체 사진이군요."

내가 본 수많은 살인 사건의 사체 사진에 비하면 평범

한 사진이었다. 피범벅이거나, 불에 타거나, 물에 붇지도 않았다. 그렇기에 오히려 실족사인지, 자살인지, 타살인지 판별이 어려운 사체로 보였다.

사체는 흡사 플라스틱 나룻배 같은 형태의 구조 장비에 누워 있었다. 훼손된 흔적 없이 겉보기에는 편안히 잠들어 있는 사람처럼 보였다. 입고 있는 옷도 단정한 모습 그대로였다. 부패의 흔적 또한 찾아보기 어려웠다. 사망한 지 이틀이 채 되지 않은 것으로 보이는 사체였다고 했다.

"사체에 상처가 전혀 없는 것 같네요."

"나중에 부검할 때 보니 왼쪽 두부에 긁힌 자국이 있긴 했습니다. 하지만 특징 있는 외상은 아니었죠."

"소지품은 나왔나요?"

"아니요. 신분증도 소지품도 없었습니다."

"그럼 특이점이 전혀 없었군요."

"그나마 한쪽 귀에만 귀걸이를 한 게 눈에 들어왔죠. 다른 이상한 점은 전혀 찾을 수가 없었으니까요."

세 명의 해경 수사팀 형사들은 청년 티가 남아 있는 앳된 얼굴들이었다. 이런 팀은 흔치 않았다. 중후한 팀장과 중간급의 형사들 서너 명, 뭔가 기죽어 보이거나 반대로 세련된 패션이 돋보이는 막내 형사들로 구성된 전형적인 팀들과는 달랐다. 만화 속에서 범인을 쫓아다니는 또래 삼총사가 현실에 나타난 것 같은 모습이었다.

 3인의 해경 수사팀은 사체에 대한 유의미한 증거를 찾기 위해 주변을 이 잡듯이 뒤졌다. 그러다 선착장 인근의 주차 구역에 있는 추락방지턱에서 여성의 것으로 보이는 증거물을 발견했다. 현장에는 약통 두 개가 있었는데 한 통에는 푸른색 알약 여러 개가, 한 통에는 흰색 알약 몇 개가 들어 있었다. 또 추락방지턱 아래에도 여성의 끊어진 시곗줄이 떨어져 있었다. 수사팀은 이 증거물을 국립과학수사연구원(이하 국과수)에 의뢰했다.
 한편 사체의 지문 감식을 통해 사망자가 A씨(여성, 40대 초반)라는 것도 밝혀졌다. 놀라운 것은 그녀의 주거지가 경남 통영이 아닌 서울 강서구 공항동이었던 것이다.
 "곧바로 서울 주소지 관할서에 전화해서 주소지로 찾아가달라고 부탁했어요. 그런데 문이 잠겨서 못 들어간다는 답변만을 들었죠."
 7월 6일에는 부검 결과가 나왔다. 애매모호한 결과였다. 외상은 없고 익사 가능성도 있지만, 독극물로 인한 사망 가능성도 있다는 것이었다. 자살일 수도, 타살일 수도 있는 상황이었다. 하지만 자살 쪽으로 더 기울어졌다. DNA 감정 결과 약통이 담긴 비닐과 시곗줄에서 피해자의 DNA만이 발견됐다. 현장에서 수사팀이 발견한 알약 중 흰색은 소화제, 파란색은 스틸녹스라는 수면제였다.

3.

"사실 저희도 처음에는 A씨가 서울에서 통영까지 내려와 수면제를 먹고 바다에 뛰어들었을 거라고 생각했습니다."

해경 수사팀 박 팀장은 처음에는 그렇게 판단했다고 말했다. 하지만 수사팀이 A씨의 휴대폰 번호로 통신 사실 확인 조회를 했는데 이상한 결과가 나왔다. A씨는 본인 명의가 아닌, 관계가 확인되지 않은 B씨(여성, 40대) 명의의 휴대폰을 쓰고 있었다. 더구나 B씨의 주소지는 통영에서 멀지 않은 거제 옥포의 원룸이었다.

"가까운 곳에 있으니 안 가볼 수가 없었겠네요."

"그렇죠. 조금이라도 의심스러운 게 있으면 움직여야죠."

수사팀이 주소지로 찾아갔지만 그곳에 B씨는 살지 않았다. 수사팀이 임대차 계약서를 보여달라고 요청하자 집

주인이 계약서를 보여주었다. 그런데 거기 적힌 이름이 바로 바다에서 떠밀려온 사체 A씨의 이름이었다. 수사팀이 놀라서 A씨의 사진을 보여주자 집주인 역시 놀라면서 그녀가 이곳의 세입자라고 알려주었다.

수사팀은 집주인의 도움으로 이미 사망한 A씨의 집 안으로 들어갔다. 박 팀장은 그 집의 풍경이 기억에 남는다고 말했다. 수건부터 신발까지 모든 것이 다 차곡차곡 정돈된 상태였다. 그리고 그 집에는 약 봉투가 있었다.

박 팀장은 그 약 봉투가 나중에 사건 해결에 큰 역할을 했다고 말했다.

"그 약 봉투가 중요했어요. A씨가 수면장애와 우울증으로 거제의 '동신병원'(가칭)에서 항우울제를 처방받고 있었다는 사실도 알 수 있었으니까요. 그리고 그 집에는 휴대폰 명의자인 B씨의 이름으로 온 고지서도 차곡차곡 쌓여 있었어요."

수사팀이 그 집을 떠나기 전 마침 한 중년 여성이 A씨를 찾아왔다. 그녀는 A씨가 일했던 유흥 주점의 사장이었다. 사장에 따르면 A씨는 거제 유흥 주점에서 일하다 타지로 떠났고, 3년 전 다시 이곳으로 돌아왔다고 했다. A씨는 심한 수면장애 환자였다. 사장은 A씨가 7월 4일 새벽에 퇴근한 뒤 다시 출근하지 않자 걱정이 되어 거주지까지 찾아왔다는 것이었다.

수사팀은 A씨 주변을 더 집중적으로 조사했다. 그리고 B씨의 정체도 밝혀냈다. B씨는 과거 같은 유흥업소에서 일하던 동료로, 신용 불량자인 A씨를 위해 명의를 빌려주었을 뿐이었다.

수사팀은 A씨의 통신 기록 조회로 7월 4일 퇴근 이후 A씨의 동선에 대해서도 파악했다. 그날 A씨는 대구에 있는 가족을 만나기 위해 떠났다가 다시 되돌아왔다. 그런데 A씨는 본인이 가입한 몇 가지 보험의 수령인을 남동생 명의로 바꿔놓았다.

"여러 모로 자살 동기가 있어 보이는 상황이었네요."

내 질문에 박 형사가 고개를 끄덕였다.

"그렇죠. 자살 전에 보험 수령인을 가족들로 바꿔놓기도 하니까요."

"거기서 수사를 끝낼 수도 있었겠네요?"

"그렇죠. 하지만 마지막으로 확인할 게 있었죠. A씨가 굴 공장이 있는 통영 기호마을로 들어가는 CCTV를 확인해야 확실히 자살로 종결이 나는 거였죠."

이 사건은 원래 사망자가 자살했다는 사실을 확실하게

확인하기 위한 수사였던 셈이다.

4.

통영 기호마을은 입구가 한길이었다. 들어간 사람은 똑같은 길로 되돌아 나올 수밖에 없었다. A씨가 그 길로 들어가 다시 나오지 않았다면 자살한 것으로 생을 끝낸 게 거의 확실시되는 상황이었다.

마을 입구에 있는 공장 CCTV가 마침 그 외길을 비추었다. 수사팀은 한여름에 에어컨도 없이 그곳에 상주하며 사흘간 CCTV를 확인했다. 보통 사망자의 사망 시점을 기준으로 전후 하루이틀을 확인하는데, 7월 5일 자정 넘어 택시 한 대가 외길을 따라 들어온 것을 포착했다. 그 택시에서 사망자와 비슷한 옷차림의 여성이 내리는 모습이 찍혀 있었다.

비가 몹시 내리는 밤이었다. 택시의 번호판은 식별이 불가능했다. 그리고 여성 승객으로 추측되는 인물은 아무리 CCTV를 돌려봐도 마을 밖으로 나오는 모습이 보이지 않았다. 수사팀은 택시 기사를 찾기 위해 애썼지만 그날 그 시각에 여성 승객과 함께 기호마을로 향했다는 택시 기사는 나타나지 않았다.

"다른 CCTV도 있을 수 있지 않나요?"

내 질문에 통영해양경찰서 팀장이 고개를 끄덕였다.

"네, 저희 막내 형사가 근처에서 마을 입구 길이 잘 보이는 CCTV를 찾아냈어요. 그런데 그 CCTV가 4월 이후부터 녹화가 안 됐다고 실망한 표정으로 말하더라고요."

수사팀은 그래도 희망을 가졌다. CCTV의 세팅이 3~4개월 늦어져서 7월에 찍힌 영상이 3월에 녹화된 것으로 잘못 표기되는 경우도 가끔 있었다. 하지만 해당 CCTV는 막내 형사의 말처럼 4월 이후 아예 녹화가 안 된 상황이었다.

실망한 형사들은 기호마을에서 발길이 떨어지지 않았다. 그들은 선착장을 따라서 마을 한 바퀴를 다 둘러보았다. 그때 형사 모두가 잠시 걸음을 멈추었다. 세 형사의 시선이 모두 CCTV로 향했다. 맨 처음 사체를 발견한 부부가 운영하는 참맛수산 건물에 마을 출입구를 비추는 CCTV가 있었던 것이다.

처음 A씨의 사체를 발견하고 신고했던 참맛수산 부부는 적극적으로 수사에 협조했다.

"그날 밤에 참맛수산 사장님 내외와 함께 CCTV를 돌려봤어요. 화질이 좋아서 아주 잘 보였죠. 기대감이 컸습니다. 이제 이 사건을 마무리할 수 있겠구나 생각했죠. 그런데 왜 그날 밤 여성 승객을 태운 택시 기사가 나타나지 않았는지 알겠더라고요. 택시에서 내린 승객은 남자였어요. 통이 넓은 반바지 차림에 움직임이 좀 여성스러워서 저희가 여성으로 오해한 거였죠."

하지만 실망의 시간은 길지 않았다.

수사팀은 화질이 좋은 참맛수산 CCTV를 통해 기호마을로 드나드는 차량들을 계속해서 지켜볼 수 있었다. 참맛수산 사장의 아내는 형사들 옆에 앉아 들어오는 차들 중 어떤 차가 마을 주민 차이고 어떤 차가 외부 차량인지도 알려주었다. 그렇게 형사들과 참맛수산 사장의 아내는 20분 단위로 끊어가며 CCTV 화면을 살펴보았다. 새벽 3시 53분 SUV 차량으로 추측되는 낯선 차량이 기호마을로 들어서는 모습이 찍혀 있었다. 이후 새벽 4시 25분에 다시 기호마을을 빠져나갔다. 7월 5일 비가 쏟아지는 밤에 은밀히 나타난 차량은 렌터카 차량이었다.

"CCTV 추적 끝에 렌터카 차량의 차종과 번호판을 확인했어요. 렌터카 지점에 연락해서 렌터카를 빌린 사람의 이름을 알아냈죠."

5.

C씨(남성, 57세)는 7월 4일 저녁 7시 20분 렌터카를 빌려 7월 5일 저녁 7시에 반납했다. 수사팀은 C씨가 왜 A씨가 사망한 시간으로 추정되는 그 시각에 기호마을에 들어갔을지 궁금했다. 그 연결 고리는 수사팀을 전혀 다른 방향으로 이끌어갔다.

"그 전까지는 자살에 초점을 맞춰서 수사를 진행했어요. 그런데 C씨의 등장으로 타살의 가능성이 떠오르게 됩니다."

"하지만 사망한 여성 A씨와 중년의 남성 C씨가 어떤 관계인지 파악하기는 쉽지 않았을 것 같은데요?"

"그렇죠. 그런데 생각보다 쉽게 두 사람의 관계를 알게 됐습니다. 아까 말씀드린 대로 약 봉투가 중요한 역할을 했죠."

수사팀은 혹시나 싶어 C씨의 이름과 거제도 병원 이름을 인터넷 검색 창으로 함께 검색해보았다. 그러자 C씨가 A씨가 다니던 동신병원의 대표자라는 사실이 드러났다. 수사팀의 막내 형사가 병원에 전화를 했더니 예상대로 A씨의 주치의가 C씨였다. 수사팀은 렌터카 업체를 방문해 차량 렌트 당시 C씨의 특징을 물어보았다. C씨는 자신의 직업을 한의사로 속였고 좌석 2열과 3열을 미리 접어달라고 부탁했다. 차 뒤쪽에 무언가를 실을 계획인 것으로 보였다고 했다.

C씨가 무엇을 실으려고 했던 것인지는 『수사연구』의 기자인 나도 얼추 짐작할 수 있었다. 이제 렌터카의 블랙박스만 확인하면 될 일이었다. 하지만 아쉽게도 그 렌터카에는 블랙박스가 설치되어 있지 않았다.

"곧바로 해당 날짜의 렌터카 업체 CCTV를 확인했어요. 그랬더니, 병원장 C씨가 트렁크를 열고 한참이나 그 안을 들여다보고 있더라고요."

수사팀은 혹시 렌터카에 증거가 남아 있지 않을까 생각했다. 다행히 차량은 그 후 세차를 하지 않은 상태였다. 팀원들은 곧바로 차량 내부를 감식하다 트렁크 내부의 틈에 끼어 있는 자그마한 물체를 발견했다. 그것은 바로 귀걸이 핀이었다.

"A씨 사체 발견 당시 귀걸이를 한쪽만 하고 있었다고 했죠?"

"네, 그 귀걸이에 제품 일련번호 같은 것이 적혀 있었어요. 그런데 귀걸이 고정 핀에도 똑같은 번호가 적혀 있었죠."

6.

수사팀은 병원 건물주를 찾아갔다. 그 병원 건물의 7월 4일 CCTV를 확인하면 병원장 C씨의 동선이 그대로 나올 것이었다. 하지만 해당 날짜의 CCTV는 삭제된 상태였다. 건물주의 말에 따르면 C씨가 찾아와서 간곡히 7월 4일자 CCTV를 삭제해달라고 부탁했다는 것이었다. 건물주가 승낙하자 C씨는 기술자를 불러 직접 CCTV를 삭제했다.

"그런데 건물주는 뭔가 찜찜한 기분이 들어 삭제 전에 7월 4일 CCTV를 봤다고 했어요. 그랬더니 C씨가 꽤 무게가 나가는 물건을 차 트렁크에 싣는 모습이 찍혀 있었다는 겁니다. 그래서 저희는 삭제된 CCTV를 들고 직접 국과수에 찾아가 감정을 의뢰했습니다."

한편 수사팀은 A씨와 전화 통화를 한 사람들에게 일일이 전화를 걸어보았다. 그러다가 동신병원에서 근무하던 간호사와 통화가 되었다. 수사팀이 A씨의 일로 전화를 걸었다고 하자, 간호사는 혹시 A씨가 자살했느냐며 먼저 되물었다.

"간호사는 마침 7월 4일 하루 전인 7월 3일에 병원을 그만뒀어요. 하지만 A씨가 동신병원에서 어떤 처방을 받고 있었는지 잘 알았죠."

수사팀은 직접 간호사를 설득해 만남을 가졌다. 간호사는 A씨가 당시 프로포폴 중독 상태였다고 털어놓았다. 일반적으로 프로포폴 12밀리리터짜리 앰플 하나를 맞으면 한 시간은 자는데, A씨는 수면장애가 심해 10분이면 잠이 깼다는 것이었다. 그러고서 다시 간호사를 불러 프로포폴을 추가로 놓아달라고 부탁했다는 것이었다.

"당시 간호사들이 병원장에게 알리면 병원장은 처방하라고 했답니다. 어떤 날은 하루에 100밀리리터나 맞는 날도 있을 정도였죠. 하지만 동신병원의 진료 기록에는 프로포폴을 처방한 기록이 남아 있지 않았어요."

더구나 A씨가 사망한 것으로 추측되는 7월 4일에는 간호사가 그만둔 상황이었다. 부인과 별거 후 혼자 병원에서 지내는 C씨는 평소 간호사를 괴롭히고 심지어 성적인 불쾌감을 주는 경우도 흔했다. 그래서 간호사들이 자주 그만두었고 7월 4일에는 아예 간호사 자리가 비어 있는 상태였다. 즉 병원장 C씨가 프로포폴을 직접 주사했다는 의미였다.

수사팀은 간호사의 진술에 큰 도움을 받았다. 하지만 기대했던 CCTV 복원은 실패했다.

"그래도 이미 사건의 흐름은 다 나온 것이군요?"

내 질문에 박 팀장이 고개를 끄덕였다.

"네, 프로포폴 때문에 문제가 생겨 환자가 사망했을 것이고, 병원장이 렌터카를 빌려 사체를 기호마을 앞바다에 유기한 거죠."

7.

수사팀은 압수수색영장과 체포영장을 발부받아 동신병원을 압수수색하고 C씨를 체포했다. 하지만 병원 내부 상황을 볼 수 있는 CCTV 역시 삭제된 상황이었다.

병원장 C씨는 프로포폴 주사를 제외한 모든 사실을 전부 인정했다. 진료 차트 수정, 의료 과실, 사체 유기까지 모두 본인이 벌인 일이라고 했다. 7월 4일 오후 2시 30분경 A씨가 찾아왔고 환자의 혈압이 너무 낮아 영양제만 주사했는데, 그만 원인 모를 쇼크로 사망했다는 것이었다. 또 수액실 CCTV는 보안 업체 직원이 우연히 왔기에 삭제해달라고 부탁했을 뿐이라고 했다.

C씨는 병원을 개업하느라 빚을 잔뜩 졌는데 A씨 유족과의 합의금까지 해결하려면 파산할 것이 분명했기에 사체 유기를 결심했다고 말했다. 그리고 수사팀의 예상대로

렌터카를 빌려 A씨의 사체를 싣고 기호마을 앞바다에 유기했다고 자백했다. 꼬리가 밟힐 가능성에 대비해 자살로 위장하기 위해 시곗줄과 약병을 추락방지턱에 올려두었다고도 했다.

"프로포폴 주사를 하지 않았다는 진술은 당연히 거짓말이었겠죠?"

정황상 아무리 환자의 혈압이 낮아도 영양제를 맞고 사망했을 리는 없으며, 수액실 CCTV를 삭제한 이유에 대한 변명도 너무 거짓 같았다. 하지만 평소 간호사와 환자들을 어떻게 생각했을지는 그의 행동으로 충분히 유추가 가능했다. A씨는 그에게 단지 프로포폴 구매자이자 귀찮은 존재에 불과했을 것이다. 그렇기에 환자의 사망 후에도 일말의 죄책감 없이 빠르게 사체 유기를 위해 움직였을 것이다.

다행히 C씨의 행동을 지켜본 CCTV는 사라지지 않았다. 수액실의 CCTV는 복원됐고 C씨가 내시경실 냉장고에서 프로포폴을 꺼내 피해자의 오른쪽 발목 정맥에 투약 중인 수액 튜브로 프로포폴을 투약하는 장면이 드러났다.

C씨는 그제야 울면서 본인의 범행을 자백했다. 혈압이 낮아 프로포폴을 투약하면 안 되는데, 자의적 판단으로

2차에 걸쳐 주사를 했다고. 그리고 환자가 프로포폴을 더 놓아달라고 재촉할 것이 뻔해 빨리 주사를 놓고 내보내고 싶었다고. 수사팀은 2017년 8월 3일에 피의자를 마약류관리법 위반, 업무상과실치사, 사체 유기, 의료법 위반 혐의로 검찰에 송치했다.

 이 사건이 기억에 남는 건 기사를 쓰는 내내 알 수 없는 찜찜한 마음이 들어서였기도 하다. 그 불쾌감은 악마의 형상이 아니라 물음표의 형상이었다. 복잡한 감정이 파도처럼 밀려왔다 사라지곤 했다.
 이 사건은 자꾸 내게 질문을 던졌다. 만약 당신이 의사라면, 아무도 보는 사람이 없는 상황에서 어차피 삶에 대한 희망이 없던 환자가 사망했고, 그 의료 사고가 드러났을 때 당신의 모든 인생이 무너진다면…… 과연 당신은 어떤 선택을 취하게 될까?
 그 질문을 스스로에게 던져보았을 때, 나 역시 확답이 쉽지 않았다.
 이어 질문은 꼬리에 꼬리를 물었다. 나는 얼마나 윤리적인 사람일까? 그저 타인의 시선 속에서 윤리의 경계를 지키며 사는 것은 아닐까? 지켜보는 시선이 없는 곳에서 인간은 좀 더 뻔뻔하고 사악한 속내를 쉽게 표출하게 되는 것 아닐까? 그런 악마가 혹시 내 안에 살고 있지는 않을까? 그런 생각을 하다 보니 어느새 마음이 어두워졌다.

동시에 좋은 인간이 되기 위해선 겉으로 드러나는 표면적 윤리가 아닌 내면의 윤리가 더 중요하다는 생각도 들었다.『수사연구』기자로 있는 동안 수많은 범죄를 접해왔는데, 정작 이 일을 하다 보면 정의감에 불타오르기보다 스스로의 윤리적인 삶에 대해 고민하게 될 때가 더 많다.

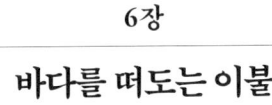

6장
바다를 떠도는 이불

부산에 거주하는 중년의 두 남자, 그들은 어느 날 밤에 커다란 바구니를 옮긴다. 두 사람은 공사 현장에서 만났고 각각 50대와 40대의 나이였다. 공사 현장에서 조수로 일했던 40대 남성은 짐을 옮겨달라는 50대 남성의 전화를 받고 그를 만나러 갔다. 그곳에 커다란 바구니가 있었다. 이불로 덮어 있고, 청테이프로 친친 감긴 바구니였다. 50대 남성은 어미 개와 강아지의 사체가 바구니에 담겨 있다고 말했다. 구청에 신고하면 벌금을 내야 해서 몰래 버리려고 한다는 것이었다.

 두 남성은 그 무거운 바구니를 50대 남성의 집으로 옮겼다가 사흘 후에 다시 들고 나왔다. 바구니에서는 부패의 냄새가 풍기기 시작했다. 이번에는 바다로 흘러가는 동천으로 갔다. 사체 냄새가 덮일 만큼 썩은 냄새가 풍기는 하천. 50대 남성은 그곳을 개의 사체 유기 장소로 선택했다. 하지만 바구니는 가라앉지 않고 물 위에 둥둥 떠서 다시 역류해 되돌아오기까지 했다. 두 사람은 몇 번이고 동천으로 가서 다시 바구니를 가라앉히려고 애썼다. 40대 남성은 지쳐서 50대 남성에게 말했다.

"아니, 그냥 이 개의 사체를 건져서 구청에 가져다주고 벌금 몇 푼 냅시다."

그 말을 들은 50대 남성은 갑자기 놀라서 고함을 지르기 시작했다.

1.

이번에도 바다에서 발견된 사체 이야기다. 깊은 밤 캄캄한 바다를 따라 무엇인가 떠내려간다. 그것은 작은 조각배처럼 보이지만 한 채의 이불이었다. 낚시꾼은 바다 위에 떠가는 이불을 이상하게 여기고 바라보다 무언가를 발견하고 놀라서 숨을 죽인다. 그 이불 안에 억울한 죽음이 담겨 있었다. 그리고 형사들이 그 죽음에 담긴 사연을 세상에 알렸다.

2017년 가을에 내가 만난 강력 사건인데, 이불에 매달려 있던 사체의 사진을 아직도 잊기 힘들다. 또 이 사건의 인터뷰 역시 기억에 남았다. 보통 취재를 나가면 해당 형사팀 혹은 강력팀 팀장 혹은 팀원이 인터뷰를 하는 경우가 많다. 과장님이나 계장님이 잠깐 얼굴을 비추긴 하지만, 인터뷰 잘하시라는 말만 남기고 사라지는 경우가 많았다.

 이 사건은 달랐다. 부산해양경찰서 수사과장이 지휘하고 형사계장이 적극적으로 형사계 반원들과 함께 수사를 진행했다. 그래서 당시 인터뷰는 특이하게도 부산해양경찰서의 수사과장과 형사계장이 직접 나서서 이야기를 해주는 식이었다.

2.

 사건이 일어난 것은 2017년 9월 26일 밤 10시 40분경이었다. 부산항 제2부두에 이불 한 채가 떠밀려 왔다. 낚시꾼이 자세히 보니 이불 밖으로 사람의 발이 삐져나와 있었다. 낚시꾼은 떨리는 손으로 경찰에 신고했다. 상황실 지시를 받은 남항해양파출소 경찰관이 최초로 사체의 모습을 목격했다. 이후 해경구조대와 함께 사체를 인양했다.

현장에 도착한 부산해양경찰서 형사들은 사체를 검안했다.

"사체의 모습이 꼭 이불에서 떨어지지 않으려고 안간힘을 쓰고 있는 것 같더군요."

당시 현장에 있던 부산해양경찰서 형사계장 하 형사가 내게 사진을 보여주었다.

형사들이 보여준 사진 속 사체를 보고 나도 비슷한 감정을 느꼈다.

이불 한 채가 바다 위를 둥둥 떠돌고 있었고, 물에 젖은 여성이 기를 쓰고 이불을 꼭 붙잡고는 빠지지 않으려고 하고 있는 것만 같았다.

하지만 수사팀이 가까이에서 본 사체는 이미 부패가 심하게 진행되어 거인화 현상(사체의 부패가 진행되면서 내부 조직의 분해로 가스가 차 몸이 부풀어 오르는 현상)이 일어난 상태였다. 그 때문에 성폭행이 있었는지 확인이 힘들었다. 더구나 사체의 신분을 증명할 지갑이나 휴대폰 등이 이불 안에 없었다. 손가락이 물에 불어 쪼글쪼글해져서 지문 채취 또한 쉽지 않았다.

"다들 바다에서 발견된 사체가 살인 사건의 피해자라고 생각하셨겠네요?"

"그렇죠. 사체가 이불에 싸여 있던 점부터 누군가가 유기하기 위해 그렇게 했을 테니까요. 그럼에도 좀 신기한 부분이 있었어요."

이 사건을 총괄하여 지휘한 수사과장 이 형사가 나직한 목소리로 말했다.

"어떤 부분이요?"

"생각해보세요. 살아 있는 사람이 이불을 덮어쓰고 바다에 들어간다 한들, 금방 이불과 몸이 분리된다고요. 그런데 이 사체는 이불 속에 싸인 채 살아 있는 사람들에게 발견됐어요. 마치 우리에게 억울한 죽음을 알리기 위해서 사체가 버텨내기라도 한 것처럼요."

형사들은 가끔 사체에 대해 설명할 때 그 사체와 교감한다는 인상을 줄 때가 있다. 일반인이 느끼는 동정심과는 좀 결이 다르다. 마치 특별한 상황에서 갑작스럽게 나타난 사체들이 형사에게 자신의 억울함을 풀어달라고 호소하는 것 같다고 설명하는 느낌. 이런 뉘앙스의 설명을 취재 때 종종 듣곤 했다.

나는 사진을 통해 거인화된 사체의 얼굴을 보았다. 검정색 상의에 하의는 속옷뿐인 여성이었고, 온몸이 풍선처럼 부풀어 올라 있었다. 살갗은 보라색. 차마 사람의 몸체라고 보기 어려운 형상이었다. 나는 사체의 튀어나올 듯 치켜뜬 눈을 바라보았다.『수사연구』에서는 검정 띠나 모자이크로 가려져 발행되겠지만 나는 사체의 눈을 볼 수밖에 없다. 그런데 사진에서 가장 눈에 띄는 것은 눈보다는 사체의 입술이었다. 퉁퉁 부어오른 얼굴에서 입술은 유난히 심하게 부풀어 있었다.

"과장님, 원래 거인화 현상이 일어나면 입술이 이렇게 심하게 부어오르나요?"

"이 정도로 부풀지는 않아요. 이 입술 모양 때문에 피해자에 대한 폭행이 있었을 거라 추측할 수 있었죠. 저희는 부은 입술의 모양을 생전의 생활 반응으로 짐작했습니다. 폭행당해 입술이 부은 상태에서 추가로 거인화 현상이 일어난 거죠."

국과수 부검 결과 부검의는 사체에서 목뿔뼈 골절이 보였고, 눈과 양쪽 대퇴부에서 피하출혈이 나타났다는 소견을 전했다. 결국 범인이 피해자의 목을 졸라 살해한 후 바닷가에 유기했을 가능성이 높은 상황이었다.

3.

한편 지문 감식이 쉽지는 않았지만, 수사팀의 형사계장

하 형사가 2차에 걸친 감식 끝에 현장에서 지문 채취에 성공하여 다행히 피해자의 신원이 밝혀졌다. 피해자 A씨(여성, 50대 중반)는 부산 동래구에 거주하며 노래방에서 일하는 직원이었다.

그런데 아쉽게도 사체 발견 장소인 부산항 제2부두 인근에 CCTV가 없었다. 수사팀은 용의자가 이 지역을 잘 알고 사체를 유기했을 것으로 예상했다. 하지만 사체 유기 장소가 제2부두가 아닌 다른 장소이고, 바닷물의 흐름을 따라 그곳으로 떠내려왔을 가능성도 무시할 수 없었다.

"가능성만 있을 뿐 용의자의 신원을 특정할 증거는 없었군요."

"그렇죠. 그래서 피해자 주변 탐문 조사와 거주지, 노래방 CCTV 조사를 병행했어요."

많은 사람들이 수사 대상에 올랐다. 생전에 그녀와 전화 통화를 많이 한 사람, 노래방 단골손님, 인근 거주 남성, 피해자 집 주변에 임시로 차를 주차한 사람까지. 초기에 용의자는 60명이 넘었고 수사팀은 이들을 조사하면서 알리바이를 확인했다. 그리고 한 명씩 용의선상에서 제외시켜나갔다. 더딘 걸음이었지만 범인을 찾기 위해서는 그런 지난한 과정이 필요했다.

"그 과정에서 A씨가 9월 20일 저녁 노래방에 출근하지 않았고, 그날 저녁 8시경에 휴대폰이 꺼져 있었다는 것을 알아냈죠."

"그럼 그 이후에 다른 통화 내역이나 문자 메시지 같은 건 없었나요?"

"9월 22일에 노래방 업주에게 쉬고 싶다는 메시지를 보냈대요."

"제가 취재하다 보니 보통 이렇게 전화가 꺼졌다가 다시 문자 메시지를 보낼 때는 범인들이 피해자 휴대폰으로 보내는 경우가 많던데요?"

"저희도 그렇게 의심했습니다. 더구나 당시 노래방 업주가 그 문자 메시지가 평소와 좀 달랐다고 했어요."

"어떤 점이요?"

"'사장님' 등의 존칭을 썼는데, 평소에는 그런 식으로 메시지를 보내지는 않았다고 했으니까요."

누군가 다른 사람이 메시지를 보냈을 확률이 높았다. 그 메시지를 끝으로 A씨의 휴대폰은 꺼졌고, 영원히 켜지지 않았다.

4.

수사팀은 9월 19일 저녁 7시 24분경에 노래방으로 출근하는 A씨의 영상을 확보했다. 그녀는 퇴근 후인 9월 20일 새벽 1시 43분경에 낯선 남자와 만나 다른 노래방으로 갔고, 새벽 3시 58분경 노래방에서 나와 남자와 택시를 타고 이동했다. 택시는 새벽 4시 3분경 A씨 주거지 앞 사거리에서 멈추었다.

A씨는 함께 내린 남자와 골목으로 사라졌다. 그 골목에 A씨의 집이 있었다. 그것은 A씨가 CCTV에 찍힌 마지막 모습이었다. 그리고 날이 밝은 뒤 오후 2시경에 또 다른 남자가 나타나서 A씨의 집이 있는 골목으로 향했다. 잠시 후 두 남자는 이사용 대형 바구니에 무언가를 담아서 골목을 빠져나왔다. 그 바구니 안에 있는 것이 무엇일지 형사들은 짐작할 수 있었다.

한편 A씨와 택시를 탄 남자의 신원을 확인하기 위해 수사팀은 A씨의 통화 내역을 분석해 한 달 반 동안 통화량이 많은 순서대로 나열했다. A씨와 가장 많이 통화를 한 사람은 놀랍게도 A씨와 연고가 전혀 없던 젊은 남자였다. 그런데 놀랍게도 이 젊은 남자가 A씨와 제일 마지막에 통화한 사람이었다.

수사팀의 조사 결과 젊은 남자와 A씨는 알고 보니 서로 만난 적도 없었다. 알고 보니 젊은 남자는 휴대폰 명의자일 뿐 실제 휴대폰은 그의 삼촌인 B씨(남성, 50대 중반)가 사용 중인 것으로 밝혀졌다. B씨가 A씨와 한 달 반 동안 가장 많이 전화 통화를 했고 마지막으로 통화한 사람이었으며 노래방에 찾아온 마지막 손님이었다.

A씨의 사망 추정 날짜는 9월 20일이었지만 9월 22일 은행 ATM 기기에서 200만 원의 현금 인출이 이뤄졌다. 수사팀은 A씨의 계좌를 추적하다 이 사실을 발견하고 해당 ATM 기기의 CCTV를 확인했다.

"얼굴이 달랐어요."

부산해양경찰서의 형사계장과 수사과장 모두 마치 그때 그 순간을 떠올리듯 아쉬운 표정을 지었다.

모자를 푹 눌러쓴 남자는 B씨와 모습이 달랐다. 하지만 ATM 기기에서 멀지 않은 주차장에서 모자를 쓴 불상의 남자가 B씨로 보이는 남자와 돈을 나누는 모습이 찍혀 있었다. 두 사람은 곧 1톤 트럭을 타고 사라졌다.

1톤 트럭을 운전한 것은 B씨였지만, 차주는 B씨의 형이자 휴대폰 명의자의 아버지였다. B씨가 형에게 트럭을 빌려 ATM 기기 근처까지 갔던 것이었다. 수사팀은 B씨의 통화 내역을 조사해 그와 가장 많은 통화를 한 C씨(남성, 40대 중반)를 특정했다. 놀랍게도 두 남자의 거주지는 모두 부산 금정구 서동이었고, 둘의 집은 걸어서 20분 거리였다. 그리고 C씨는 B씨와 함께 사체가 담긴 바구니를 운반했던 바로 그 남자였다. 또한 B씨의 요청으로 돈을 인출한 불상의 남자이기도 했다.

5.

수사과장 이 형사는 수사팀 전원을 출동시켜 B씨와 C씨의 실시간 위치를 추적하며 둘을 쫓았다. 9월 29일 저녁 6시 30분 긴급 소집된 부산해양경찰서 형사들이 두 남자가 움직이는 동선을 따라 긴급 배치됐다. 수사과장은 급박한 상황에서 이 둘을 일단 긴급체포하기로 결정한 것이었다.

"그런데 실시간 위치 추적이 떠도 기지국 반경이 넓어서 찾기가 쉽지는 않잖아요?"

형사들은 보통 실시간 위치 추적으로 범인을 쫓을 때 그 반경을 미친 듯이 헤매고 다닌다. 그래도 범인이나 범인의 차량을 찾기란 쉽지 않다. 물론 취재를 다녀보면 귀신같은 능력으로 피해자가 나타날 장소를 예지하는 형사들도 있었다. 저 횡단보도쯤에 범인이 나타나지 않을까 예상하면 실제로 범인이 보인다는 것이었다. 주로 동네 골목이나 지형을 다 꿰고 있는 베테랑 형사 중에 그런 분들이 있는 것 같았다.

"맞습니다. 그래서 대부분의 형사반 인력이 배치된 거죠."

"두 남자 중에는 주범인 B씨가 먼저 잡혔나요?"

"아니요. C씨를 자택에서 먼저 체포했습니다."

9월 29일 밤 11시경 부산해양경철청 소속 6명의 형사가 C씨를 자택에서 체포했다. 그는 조금은 어눌해 보이는 말투로 범죄 사실을 모두 인정했다. 하지만 본인은 살인에 가담하지 않았으며, B씨가 시켜 돈을 인출하고 바구니에 담은 사체를 버렸을 뿐이라고 했다. 물론 C씨는 그 바구니에 담긴 게 사람의 사체인지는 몰랐다는 말도 덧붙였다.

"사람의 사체인 줄 몰랐다고요?"

"B씨가 어미 개와 강아지가 함께 죽은 사체를 버리러 가자고 해서 그렇게만 알고 있었다고 했어요."

두 사람은 같은 동네에 살고 똑같이 일용직으로 근무했다. 인테리어 시공 경력자 B씨는 C씨를 조수처럼 데리고 다닌 적도 있었다.

한편 사건의 주범 B씨는 9월 30일 새벽 3시 30분경 집으로 돌아오다 잠복하던 형사들에게 체포됐다. 그는 고개를 숙이고 집에서 커피 한 잔만 마시고 싶다고 말했다.

"그래서, B씨가 집에서 커피를 마시면서 자백을 했나요?"

"경찰서에 가서 모든 것을 자백하겠다고 했죠. 그 약속은 지키지 않았지만요."

오히려 커피를 마시면서 작전을 짰던 걸까?

용의자가 담배를 피우고 싶다고 하면 자백하겠다는 신호일지도 모르지만, 커피를 마시겠다고 하면 조심해야 할지도 모를 일이다.

B씨는 경찰서 신문을 받으면서 묵비권을 행사했다. 진술 전에 콘크리트 벽에 머리를 박으면서 자해를 시도했다. 또 본인의 인권을 들먹이며 형사들을 협박했다. B씨는 전과 10범에 사기 전과만 5범이었다.

6.

수사팀이 피의자들을 긴급체포한 후 10월 1일부터 9일까지 긴 추석 연휴가 이어졌다. 수사팀은 연휴를 반납하고 피의자들의 범행에 대한 증거를 조금이라도 더 수집하기 위해 애썼다. 하지만 모든 기관이 휴무여서 행정적 지원을 받기도 힘들었다.

"당연히 B씨는 계속 묵비권을 행사했을 것 같네요."

"그렇죠. 하지만 C씨는 범행에 대해서 어눌하지만 상세하게 털어놓았습니다. 그리고 사건이 일어나기 일주일 전에 B씨의 전화를 받고 A씨의 집에 가서 함께 저녁 식사를 한 적도 있다고 자백했죠."

C씨는 A씨가 저녁 식사를 하면서 말한 대화 내용까지 모두 기억했다. 피해자는 9월 28일 이사 예정이었고 집주인에게 보증금 1억 3천만 원을 곧 받을 예정이라고 했다는 것이었다.

"그렇다면 그 보증금을 노리고 계획 살인을 꾸민 건가요?"

"당연히 그렇게 판단할 수밖에 없었죠. 더구나 B씨는 당시 5천여만 원의 도박 빚을 져서 전기 요금도 제대로 못 내는 상황이었으니까요."

C씨는 사체 유기 과정에 대해서도 구체적으로 자백했다. 하지만 그 안에 있는 것이 개의 사체인 줄 알았지 사람의 사체인 줄은 몰랐다고 강조했다. 믿을 만한 이야기인가? 나는 믿기 힘들었다. 하지만 C씨에 따르면 침대 커버

안에 넣은 사체를 바구니에 넣고, 바구니 위에 이불을 덮은 뒤 청색 테이프로 친친 감아서 절대 그 안을 들여다볼 수 없던 상황이라고 했다. C씨는 B씨의 자택으로 옮긴 사체를 사흘 후에 함께 유기했다고 자백했다.

"그럼, 두 사람이 사체가 든 바구니를 발견 장소인 제2항구 주변에서 유기했어요?"

"아니요. 두 사람은 9월 24일 새벽 1시 58분경 시신을 트럭에 싣고 부산 문현동 범5호교로 갔어요. 그곳은 바다가 아니라, 바다로 흘러가는 동천이 있는 곳이었죠. 그 하천에 사체를 유기했어요."

수사팀은 C씨의 진술을 듣고 부산시청 재난 담당과 CCTV를 확보했다.

CCTV에는 새벽 2시 35분경 두 남자가 사체가 든 바구니를 유기하는 장면이 생생하게 찍혀 있었다. 그런데 두 사람은 새벽 6시 36분경 트럭을 타고 다시 동전 범5호교로 되돌아왔다.

"되돌아온 이유는 바구니가 잘 떠내려갔는지 확인하기 위해서겠죠?"

"네, CCTV에 그 모습이 찍혀 있었죠. 하지만 그들의 바람대로 쉽게 바구니가 떠내려가지는 않았어요. 처음에는 아예 역류해서 되돌아오기까지 했죠. 이후에도 동천에서 바다로 빠져나갈 때까지 세 번이나 교각 밑과 부두교 아래 해상에서 멈췄어요."

"왜 그렇게 된 거죠? 억울하게 살해당한 피해자가 쉽게 세상을 떠나기 싫었던 걸까요?"

수사과장인 이 형사가 나를 보았다. 그는 얼굴에 표정을 잘 드러내지는 않았다. 하지만 분명 그도 그렇게 믿고 있는 거라 생각했다. 물론 기자인 내게 하는 대답은 달랐지만.

"그런 이유는 아니고, 바다에서 하천으로 흘러가는 조류를 타서 쉽게 움직이지 않았던 거죠."

"부산이 항구도시인데, 두 사람은 왜 처음부터 외진 바닷가에 사체를 유기하지 않았던 걸까요?"

"B씨는 사체를 유기한 범5호교 인근에서 태어났어요. 당연히 그 지역의 지리를 잘 알았는데, 동천은 공사장 쓰레기 등이 가득해 악취가 풍기는 곳으로 유명했어요. 아마 시체 썩는 냄새를 감추려고 그러지 않았나 싶어요."

완전범죄를 꿈꾼 B씨의 계획은 이렇게 실패했다.

7.

B씨는 결국 범행을 인정했다. 그는 A씨가 1억 원 넘는 전세 보증금을 갖고 있다는 말을 듣고 의도적으로 먼저 연락했다고 자백했다.

9월 20일 새벽 1시 40분경 피해자를 만나 함께 노래방에 갔다가 새벽 4시경에 피해자의 집으로 이동했다. A씨의 집에서 B씨는 노래방 단골손님에서 강도로 돌변해 피해자를 폭행하고 협박했다. 이후 피해자의 목을 졸라 살해하고 현금카드 3개와 신용카드 1개, 전세계약서, 다수의 통장 및 귀금속을 강취했다.

"하지만 B씨는 거액의 전세보증금이 든 통장에서는 돈을 인출하지 못했어요."

"그 통장의 비밀번호는 끝내 알아내지 못한 건가요?"

"네, 피해자가 그 목돈만은 지키고 싶었던 것 같습니다. 당시 A씨의 아들이 군에 있었는데, 그 아들을 위해서라노 그렇게 한 것 같습니다."

B씨는 강도 살인을 저지르고 나서도 죄의식이라고는 전혀 없는 행각을 이어갔다. 긴급체포 후 그의 지갑에서는 전당포 계약서가 나왔다. 알고 보니 A씨의 집에서 훔친 귀금속을 아내의 귀금속이라고 거짓말해서 저당금 명목

으로 290만 원을 교부받은 것이었다. 또한 9월 22일에는 자신이 살해한 피해자의 신용카드로 태연하게 횟집과 갈빗집에서 식대를 썼다.

한편 B씨는 자백한 뒤 계속해서 우발적인 살인을 주장했다. A씨와 연인이었는데 다툼 끝에 화가 나서 살해했다는 것이었다.

"사기 전과만 5범인 B씨가 강도 살인과 우발적 살인의 형량 차이가 크다는 사실을 알고 진술 조사 중에 조금이라도 형량을 낮추려는 작전을 쓰는 것처럼 보였죠."

하지만 그는 범행 일주일 전 채무자들에게 '곧 해결해주겠다'는 문자 메시지를 발송했다. 심지어 A씨와 연인 관계도 아니었던 것으로 밝혀졌다. B씨는 A씨에게 강취한 돈으로 진짜 애인과 커플링을 맞추기까지 했다.

한편 B씨는 범행 재연 현장 검증에도 나서지 않았다. 본인에게도 명예가 있다면서 자신의 동네에서 범행 재연을 할 수 없다고 주장했다. 만약 현장 검증에 끌고 가면 그 자리에서 자결하겠다고 수사팀을 협박했다.

당시 상황을 설명하는 두 형사의 얼굴에 살짝 짜증이 스쳐 갔다. 나라도 그런 범인을 만난다면 그대로 욕이 나올 것 같았다.

결국 현장 검증은 공범 C씨가 충실하게 보여주었다. C씨의 현장 검증에 따르면 두 사람은 떠내려가지 않고 그대로 멈춘 사체가 담긴 바구니를 두 번이나 다시 건져 올렸다. 그런 다음 모래주머니를 매달고, 커다란 고무 대야를 덮은 뒤 그 위에 큰 돌을 얹어 다시 유기했다. 깊이 가라앉기를 기도하는 마음이었을 것이다.

"현장 검증 때 C씨가 조사받을 때는 하지 않았던 말을 하더라고요."

"어떤 말이었어요?"

"바구니가 떠내려가지 않자, C씨가 B씨에게 그냥 경찰에 신고하고 벌금을 내자고 했답니다. 그 말에 B씨가 화들짝 놀라면서 소리를 지르더랍니다. 그 순간에 C씨도 의심을 하기는 했답니다. 어쩌면 그 안에 개의 사체가 아닌 사람의 사체가 들었을 수도 있겠다고요."

고무 대야를 덮은 바구니는 다시 바다를 향해 움직였다. 그리고 부산항 제2부두에 이르렀을 때는 고무 대야와 바구니가 분리되었고, 사체는 이불에 싸인 채 바다 위를 둥둥 떠다녔다. 그 때문에 오히려 깊은 밤 목격자의 눈에 더 잘 띄는 상황이 된 것이었다.

당시 이 사건을 취재하면서 부산경찰청 수사과장 이 형사가 했던 말도 기억에 남았다. 부산에서만 한 해에 실족, 자살 등의 이유로 해안에서 100여 구가 넘는 사체가 발견된다는 것이었다. 또 전국의 해안에서 발견되는 사체의 수를 알려주었는데, 정확한 숫자는 기억이 안 났지만 너무 많아서 놀랐던 기억이 생생하다.

물론 꼭 바다가 아니더라도, 죽음은 어디에든 있다. 한 젊은 형사는 수도권 경찰서의 형사팀에서 근무할 때 매일 두 번씩은 변사 사건으로 출동했던 것 같다고 회상했다. 형사들 역시 사체 썩는 냄새에 고통을 느꼈거나, 목을 맨 사체를 끌어내리다 체액을 뒤집어쓴 경험이 있다고 말하는 이들도 있다.

죽음은 우리의 일상, 우리의 주변에 늘 존재한다. 『수사연구』에서 기자로 근무하기 전에는 내게 죽음이란 일상과는 거리가 먼 것이었다. 어쩌면 죽음에 대해 생각하고 싶지 않았는지도 모르겠다. 이처럼 평범한 사람들은 죽음을 외면하며 살아간다. 삶의 끝이 아닌 당장의 내일을 위해 살기도 바쁘니까. 생존의 일상만 남고 죽음의 일상은 지워지는 것이다. 보통 사람들은 죽음을 그저 관념적인 세계로 느낀다. 하지만 경찰들의 세계는 다르다. 그들은 살아 있는 자의 치안을 담당하고, 죽은 자의 마지막 순간을 확인해주는 이들이다. 그들의 삶에서 죽음은 악취를 풍기고, 체액이 흐르고, 부패되어가는 실재의 상황인 것이다. 그리고 경찰은 나의 생이 끝난 뒤, 내가 삶의 세계에서 죽음의 세계로 건너갔다는 생의 마침표를 확인해줄 사람이기도 하다.

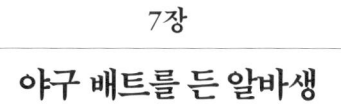

7장
야구 배트를 든 알바생

경기도 남양주시의 외곽. 사건 현장은 황량한 곳에 위치한 거대한 창고다. 창고의 문을 열고 들어서면 내부에 숙소 건물이 있고 그 안에서 네 명의 남성이 함께 살았다. 처음 그곳에 살던 사람은 둘이었다. 가전제품을 수리하는 나이 든 주인과 고아원 출신 조수였다. 두 사람은 20년 넘게 함께 살았지만 그리 정겨운 사이는 아니었다. 숙소 가운데 칸막이를 두고 서로의 자리에서 홀로 지낼 때가 많았다. 30대 후반의 조수는 쉬는 날이면 시내에 나가 중고생들과 PC방에서 게임을 하며 어울렸다. 그들에게 30대 후반의 남성은 게임 비용을 내주는 착한 동네 바보 형이었다.

그 동네 바보 형의 소개로 고등학교를 갓 졸업한 아르바이트생 둘이 창고 안으로 들어왔다. 그리고 어느 날 새벽 네 남자가 함께 살던 이 창고 안에서 비명 소리와 야구배트를 휘두르는 소리가 요란하게 들려왔다. 하지만 이 외진 창고 안의 소리를 밖에서 들은 사람은 아무도 없었다.

다음 날 아침 이 창고 건물에 남아 있는 것은 피투성이 주인 혼자뿐이었다. 주인은 평소 그가 수리하던 가전제품에 둘러싸인 채 주검으로 발견됐다.

1.

2017년 늦가을 남양주경찰서를 찾아가는 길은 꽤 멀었다. 나는 주로 대중교통을 이용해서 취재를 다니는데, 남양주경찰서는 버스에서 내려서도 한참을 걸어가야 하는 곳이었다. 주변에 공사 현장과 논밭 말고는 아무것도 없었다. 이렇게 외진 곳에 경찰서가 있다니 신기할 지경이었다.

공교롭게도 당시 남양주경찰서에서 수사한 살인 사건의 현장 역시 비슷했다. 남양주는 서울에서 가까운 경기도 위성도시지만, 사건 현장은 도시가 아니었다. 경기도 외곽의 인적 드문 장소, 그곳에 위치한 거대한 창고였다.

드나드는 사람이 거의 없는 곳이었다. 내가 등단하기 전 다녔던 한 잡지사가 떠올랐다.

『수사연구』는 기자로서의 내 첫 직장은 아니었다. 소설가 등단 전에 나는 전문지 두 곳에서 잡지 기자로 일했다. 한 곳은 네일아트 전문지였고(그때는 젤과 비즈로 장식한 매니큐어 바른 손톱 사진을 봤지만 지금은 피 묻은 손톱 사진을 본다), 나머지 한 곳은 원예 전문 잡지였다. 내가 남양주경찰서를 향해 걸어갈 때 떠올린 건 원예 전문 잡지였다. 원예 전문 잡지사에서 일할 때 직장 상사가 운전하는 차를 얻어 타고 경기도 외곽의 작은 사료 공장에 간 적이 있었다. 동물성 사료를 생산하는 곳이었는데, 컨테이너 건물 옆에 그 건물보다 두세 배는 더 높게 쌓인 동물의 뼈와 고기, 윙윙대는 파리 떼를 보았다. 그리고 거대한 뼈와 고기 더미에서 풍기던 썩은 냄새를 아직도 잊기 힘들다. 그래서인지 형사들이 지독한 사체의 냄새를 언급할 때미다 나는 그때 그 동물 사료 공장 앞에서 맡은 냄새를 떠올린다. 컨테이너 건물로 들어갔을 때 벽에 까맣게 들러붙어 있던 파리 떼도 잊지 못한다. 파리 떼 가득한 사무실에 유유히 앉아 믹스커피를 마시는 노년의 대표님 모습이라니.

그런데 마침 그날 도착한 남양주경찰서 강력팀 건물 역

시 인상적이었다. 놀랍게도 강력팀 사무실이 컨테이너 가건물이었다. 외진 동네 분위기도 그렇고 컨테이너 가건물도 그렇고 뭔가 한국판 〈트루 디텍티브〉를 찍는다면 그 배경으로 삼을 법한 으스스한 분위기가 감돌았다.

그 컨테이너 가건물에서 강력5팀 형사들을 만났다. 다행히 파리 떼와 뼈와 살점이 썩는 냄새는 풍기지 않았다. 그날은 처음이라 놀라웠지만 이후에 종종 컨테이너 건물 안에서 일하는 강력팀 형사들을 볼 기회가 있었다.

강력5팀 팀장 김 형사는 깡마른 체격에 까맣게 탄 피부였는데, 형사도 어울리지만 골프장에서 골프채를 잡고 굿샷을 날려도 어울릴 법한 분위기를 풍겼다. 골프를 즐기는 수도권의 중소기업 사장님 같은 인상이라고 할까?

2.

이 사건의 피해자 A씨(남성, 50대 초반)는 중고 가전제품 수리업 종사자로 거대한 시멘트 블록 창고형 건물에 살았는데, 그곳에 작업실과 샌드위치형 패널로 지은 숙소가 함께 있었다. 조수 B씨(남성, 30대 후반)는 고아원 출신으로 20여 년의 세월 동안 A씨와 함께 살았다. 두 사람은 숙소 건물 한 동을 칸막이로 나누어서 각자의 방으로 썼다.

그런데 2017년 10월 24일 오전 피해자 A씨가 사체로 발견됐다. 처음 사체를 발견한 사람은 조수 B씨가 아니었다. 사건을 수사한 형사는 근처의 창고 건물에 거주하는 이웃 주민들이 그를 발견했다고 했다.

"함께 모닝커피를 마시자고 찾아갔다가 변사체가 된 A씨를 발견한 거죠."

"당시 현장은 어땠나요?"

"아주 어수선했던 걸로 기억합니다."

김 형사가 담담하게 말했다.

A씨의 변사체는 수리 중인 선풍기, 공기청정기, 비디오 플레이어 등으로 어질러진 숙소의 먼지투성이 바닥에 누워 있었다.

"용의자들이 어지른 것으로 보였나요?"

"그렇다기보다는 원래 좀 어질러진 환경에서 살아온 것 같은 느낌이었습니다."

역시나 담담한 말투. 이런 일은 뭔가 일상적이라는 느낌이 들 정도였다.

"족적은요?"

"그게, 족적을 확인하는 일이 큰 의미가 없었어요."

이미 119 소방대원들이 출동해 사망을 확인하느라고 현장에는 어지러운 발자국들이 많이 흩어져 있었다고 했다.

 하지만 피해자는 살해당한 것이 틀림없어 보였다. 좌측 두부에 골절상이 보이고 좌측 등과 다리 및 전신에 외부 충격에 의한 멍 자국이 보였다. 과학수사팀(이하 과수팀)이 검안을 시작하자 목에 감긴 선풍기 전선이 드러났다. 사체가 목을 숙인 상태여서 선풍기 전선이 잘 보이지 않았던 것이다. 피해자 사체 주변에는 버려진 폴더 폰이 있었다. 하지만 반으로 쪼개진 상태였다. 용의자가 그의 휴대폰을 일부러 부순 것으로 보였다. 또 사건 현장에서 사망자의 지갑이 보이지 않았다. 범인이 훔쳐 갔을 가능성이 있었다. 하지만 피해자의 머리를 가격한 둔기는 현장에서 찾을 수 없었다.

 한편 숙소 거실에는 최소 두 명 이상이 마신 것으로 보이는 맥주병과 소주병, 종이컵이 있었다.

 "그런데 함께 살았던 조수 B씨는 현장에 없었나요?"

 "네. 저희가 갔을 때 보이지 않았고 신고자들도 B씨를 보지 못했다고 했죠."

 형사들은 B씨에게 전화를 걸어보았다. 하지만 이미 그의 휴대폰은 전원이 꺼져 있었다.

 "그럼, 가장 유력한 용의자는 B씨였겠군요."

"네. 하지만 용의자는 한 명이 아니었어요."

용의자는 셋이었다. B씨와 또 다른 남성들이었다. 신고자들에 따르면 A씨와 B씨만 살던 그곳에 두 젊은 남성들이 3개월 전부터 드나들었다고 했다.

3.

신고자는 10월 24일 새벽 4시쯤 오토바이 두 대가 시동을 거는 소리를 들었다고 했다. 하지만 창고는 외진 곳에 위치해서 주변에 CCTV가 없었다. 수사팀은 창고에서 외부로 빠져나가는 길에 있는 공장에서 겨우 CCTV를 찾아냈다.

"신고자의 말대로 오토바이 두 대를 타고 남성 세 명이 달아나고 있었죠. B씨는 혼자였고, 나머지 두 명은 함께 오토바이를 탄 상태였어요."

신고자는 아쉽게도 젊은 아르바이트생이었던 나머지 두 남자의 이름은 알지 못한다고 했다.

수사팀은 B씨의 페이스북 계정을 찾아냈다. 놀랍게도 등록된 페이스북 친구 중에 수사팀이 CCTV로 확인한 젊은 남성 한 명이 보였다. 수사팀은 페이스북을 통해 B씨와 함께 달아난 C씨(남성, 10대 후반)를 특정했고, C씨의 페이스북 게시물에서 절친으로 보이는 D씨(남성, 10대 후반) 역시 특정했다(페이스북 등 SNS는 MZ세대 피의자들을 추적하는 주요한 수사 기법이었다. 하지만 이제는 피의자들이 그 사실을 다 알고 있어서, SNS 추적도 곧 머지않아 추억의 수사 기법이 될 듯하다고 한다).

수사팀은 그동안의 탐문 수사와 CCTV 수사를 근거로 영장을 발부받아 B씨의 위치를 실시간으로 추적했다. 하지만 이미 그의 휴대폰은 경기도 양평에서 전원이 꺼진 상태였다. C씨와 D씨의 휴대폰 역시 꺼져 있었다.

"B씨가 신용카드를 쓰거나 하지는 않았나요?"

"카드 사용 내역은 없었어요. 페이스북을 보니 셋 모두 게임을 좋아하기에 PC방에서 게임을 할까 싶어 IP 추적은 CCTV 추적과 함께 계속 병행했습니다."

하지만 CCTV 추적 역시 수월하지 않았다. 그 이유는 지리적 특성 때문이었다.

김 형사는 남양주시 관할 구역의 특성에 대해 말했다.

"수도권이지만 경기도 외곽에서 그들이 지나다닌 곳은 인적이 아주 드문 곳이죠. 그래서 CCTV가 몇 대 없는 탓에 동선이 끊기기 일쑤였고, 다음 위치를 추적할 때까지 시간을 잡아먹게 됐죠."

남양주시라고 해서 신도시의 신세계를 보여주는 별내 신도시 주변을 떠올리면 안 된다. 김 형사가 보여준 사진은 그곳과 많이 떨어져 있는 정말 인적 없는 황량한 곳이었다.

결국 수사팀은 수사 범위를 경기도 양평만이 아니라 예상 도주로인 홍천, 여주, 원주, 가평, 청평, 춘천 일대까지 넓혔다. 그 많은 지역의 CCTV를 확보하기 위해 남양주 경찰서의 형사들 대다수가 출동했다.

한편 추적 중에 수사팀은 다급한 소식을 들었다.

"양평에서 살인 사건이 한 건 더 일어났다는 거였어요. 게다가 범인들은 살인을 저지르고 차를 탈취해 달아나기까지 했습니다. 혹시나 우리가 쫓던 범인들이 범행 후에 오토바이를 버리고 차를 훔쳤을 거란 의심이 들었어요."

수사팀은 양평으로 가는 도중 잠시 사건 현장에 들렀다. 상황을 보니 해당 살인 사건은 이 건과는 무관한 다른 사건이었다. 그런데 이 사건의 피해자는 놀랍게도 유명 IT기업 대표의 장인으로 밝혀졌다. 누구인지는 2017년 10월 당시의 뉴스를 찾아보면 알 수 있다.

4.

수사팀은 열심히 CCTV 동선을 추적했지만 범인들과의 시간적 거리는 줄어들지 않았다. 범인들은 10월 24일 오후 12시 41분경에, 수사팀은 그다음 날에 양평에서 6번 국도를 따라 굴다리를 지났다.

"다행히 함께 수사하던 생활 수사팀에서 의미 있는 CCTV를 찾아냈습니다. 양평 봉삼 삼거리에서 세 명의 남자가 걸어가는데, 우리가 추적하는 용의자들과 흡사해 보인 거죠. 그 CCTV의 동선을 추적했더니 세 사람이 편의점으로 들어가는 모습이 찍혀 있었어요."

세 피의자는 편의점에서 현금으로 담배와 음료, 빵을 샀다. 그런 다음 밖으로 나와 유유히 담배를 피웠다. 그런데 형사들은 그들의 이동 동선을 추적하다 놀라운 사실을 발견했다.

"이들 주변에 오토바이가 보이지 않는 거예요. CCTV에는 찍히지 않았지만 오토바이를 버린 것이 틀림없었죠."

수사팀의 예상대로 버려진 오토바이가 양평군 단월면의 한 폐창고 뒤에서 발견됐다.

피의자들은 1킬로미터를 도보로 이동한 후에 버스를

타고 강원도 홍천으로 떠났다. 수사팀은 그 흔적을 따라 강원도 홍천으로 이동했다. 다행히 홍천 시내에는 CCTV 시설이 잘되어 있어 동선 추적이 수월해졌다.

"피의자들은 홍천에서 좀 조심스러워 보였나요?"

김 형사가 그때의 상황이 떠올랐는지 황당한 표정을 지었다.

"아니요. 마트에 들어가서 가방도 사고 속옷도 사고 아주 여유로워 보이더군요. 다급하게 쫓고 있는 우리들하고는 전혀 다른 상황이었죠. 어떻게 사람 하나를 살해하고 그렇게 여유로워 보이는지……. 너무 철이 없는 애들이란 생각이 들었습니다."

이후 몇 번 CCTV가 끊기긴 했지만 수사팀은 이들이 고속버스를 타고 전주로 떠났다는 것을 알아냈다.

"피의자 D씨의 여자 친구가 전주에 거주했어요. 마침 D씨의 휴대폰이 잠시 켜졌는데, 기지국 위치 역시 전주였죠."

남양주경찰서 형사들 중 두 팀이 전주에서 움직였다. 한쪽은 고속터미널 인근에 잠복하기로 했고, 나머지 한 팀은 D씨의 여자 친구를 미행하기로 했다. 그리고 10월 26일 저녁 8시 40분경 전주시외버스터미널에 세 명의 범인이 나타났다. 형사들이 나타나자 아직 10대인 C씨와 D씨는 겁을 먹고 순순히 범행을 인정했다.

"그런데 반전이 있었죠."

김 형사가 잠시 말을 끊었다가, 다시 이어갔다.

"살해당한 A씨의 조수인 B씨가 주범이 아니었어요. 아니, 아예 살인에 가담조차 하지 않았죠."

5.

조수 B씨는 처음부터 범행을 강력하게 부인했다. 그는 그저 두 동생들과 도망쳤을 뿐이라고 했다. 그날 밤 무슨 일이 일어났는지조차 잘 모른다고 했다.

"그의 말이 거짓말은 아니었다는 거죠?"

"네. B씨는 거짓말을 꾸밀 정도로 영악한 사람도 아니었어요. 아니, 오히려 지능이 좀 떨어졌어요. 더구나 10대인 C씨와 D씨가 그날 밤의 범행에 대해 상세하게 진술했어요. 둘은 사실 수리점 주인 A씨에게 불만이 많았다고 했습니다."

두 10대 아르바이트생이 불만을 가진 것은 급여 때문이었다. 이들은 막 고등학교를 졸업했는데 최저임금보다 낮은 주급 15만 원을 받고 일을 하고 있었다. 15만 원도 제대로 주지 않고 가끔은 5만 원이나 10만 원을 줄 때도 있었다는 것이다.

10월 24일 자정이 넘은 시각 D씨는 시내의 한 술집에서 술을 마시고 편의점에서 소주와 맥주, 과자도 샀다. 숙소로 돌아갔더니 동료 C씨가 거실에서 휴대폰을 보고 있었다. 둘은 함께 술을 마시며 친한 동네 바보 형 B씨를 원망했다.

"사실 이 두 사람은 중학교 때부터 B씨와 친했어요. 동네 바보 형처럼 어리숙한 B씨와 게임도 하고, 그가 사주는 과자와 술도 얻어먹었고요. 그래서 B씨가 자기가 일하는 곳에서 알바를 할 생각이 없느냐고 했을 때 대뜸 따라간 거죠. 하지만 사장인 A씨 때문에 일하는 내내 불만이 많았다고 했습니다."

두 아르바이트생은 숙소 거실에 앉아 술로 불만을 풀고 있었다. 그런데 새벽 3시쯤 대뜸 A씨가 나타나서 둘을 꾸짖으면서 아침에 일을 해야 하니 그만 들어가서 자라고 했다. 취한 두 사람은 사장의 말을 듣지 않고 계속 술을 마셨다.

"그러자 A씨 역시 다시 방문을 열고 나와서, 이런 식으로 일할 거면 당장 그만두라고 호통을 쳤다는 겁니다."

두 아르바이트생은 그동안에 쌓인 분노와 취기 그리고 혼자가 아니라는 사실에 죄의식이 옅어졌는지 A씨의 숙소로 들어가 살인범으로 돌변해 범행을 저질렀다.

왜 나라에서 정해준 시급을 안 주는 거냐면서, D씨는 주먹으로 A씨의 얼굴을 때렸다. A씨는 아르바이트생들의 공격에 놀라서 거실로 달아나려 했다. D씨는 C씨에게 거실에 있는 알루미늄 야구방망이로 A씨를 내리치라고 했다.

"그 방망이는 두 사람이 가지고 온 건가요?"

"아니요. A씨가 수거해 온 이삿짐에서 중고 가전제품과 함께 우연찮게 딸려와 버리지 않고 둔 것인데, 결국 흉기로 쓰인 거죠."

D씨는 거실로 달아나려는 A씨를 붙잡았다. 그러고는 피해자의 목에 선풍기 전선을 감고 발로 피해자의 머리, 가슴, 배를 여러 차례 걷어찼다. C씨는 야구방망이를 들고 와 함께 폭행에 가담했다.

"그때 조수 B씨는 어디에 있던 겁니까?"

"자고 있었대요. 잠결에 A씨가 자기 이름을 부르는 걸 듣고 나와 보니 아르바이트생들이 A씨를 때리는 걸 보고는 그냥 자기 방으로 돌아갔답니다."

아르바이트생들은 피해자의 침대 위에 있던 지갑에서

현금을 갈취했다. 그때까지 살아 있던 A씨가 나지막하게 신음 소리를 내자 D씨는 야구방망이를 들어 다시 한번 피해자의 머리를 내리치고 나왔다. 이들은 이 60만 원을 유흥비에 사용했다.

"이 모든 일이 A씨의 조수인 B씨가 억하심정으로 계획한 건 아니군요."

"네, 심지어 B씨와 함께 달아나자고 말한 이들도 두 10대 살인범들이었어요. B씨는 사장이 죽은 것 같아 무서워 함께 달아났다고 했습니다."

이후 세 사람은 즉흥적인 선택으로 홍천을 거쳐 전주까지 갔다.

수사팀의 짐작과 달리 D씨의 여자 친구가 전주에 있어 그곳으로 내려간 건 아니라고 했다. 그저 강원도 홍천에서 제일 멀리 도망칠 수 있는 곳을 찾았을 따름이었다. 그곳의 펜션에서 1박을 한 후 다시 서울로 올라가려고 버스터미널에 왔다가 체포당한 것이었다.

6.

C씨와 D씨는 범행을 자백했지만 그 외에도 증거는 차고 넘쳤다. 현장에서 수거한 소주병 등에서 피의자들의

지문이 나왔다. 또 두 사람이 입고 있던 옷에서도 피해자의 혈흔이 검출됐다. 피해자를 폭행하면서 피해자의 머리에서 흐른 소량의 피가 옷에 튀었던 것이다. 피의자들은 그 옷을 입고 도주했는데, 검거될 때까지 같은 옷을 입고 있었다.

다만 범행 도구로 사용한 야구방망이는 발견되지 않았다. 피의자들은 현장에 버리고 나왔다는데, 현장은 물론 그 주변에서도 찾지 못했다. 도깨비방망이도 아니고, 그 방망이가 어디로 갔는지는 나도 정말 의아한 생각이 들었다. 그런데 그 후로 취재를 다녀 보니, 감쪽같이 사라진 범행 도구들이 은근히 많았다.

피의자가 범행 도구를 버린 장소를 착각했다거나, 아니면 누군가가 나타나 피 묻은 범행 도구를 가져갔다는 걸까? 그것은 아직도 해결되지 않은 의문점 중 하나다.

하여튼 수사 초반 주범으로 의심받은 피해자의 조수 B씨는 강도 살인 혐의는 벗었다. 다만 그가 자발적으로 살인범들의 도주를 도왔기에 수사팀은 그를 범인도피죄로 구속했다.

"조수 B씨가 A씨 사망 전에 아르바이트생들을 말리고 119라도 불렀다면 A씨를 살릴 수도 있지 않았을까요?"

"그렇죠. 하지만 B씨는 그런 생각조차 할 수 없는 사람이었어요. 조사를 받는 중에도 조사가 끝나면 다시 컨테이너 숙소로 돌아가겠다고만 했죠."

이 사건에서 안타까운 점은 또 있었다. 인터뷰 후 김 형사는 씁쓸한 표정으로 말했다.

"피해자 사망 후에 보니 A씨는 장례를 치를 가족조차 없었어요. 그런데 알고 보니 A씨가 쌓아둔 재산이 상당했습니다. 더구나 양평에 10억 가치의 땅을 가지고 있다는 소문도 있었고요. 그런 사람이 왜 아르바이트생들에게는 제대로 임금조차 주지 않았을까 안타까웠어요."

7.

취재 후에 남양주경찰서를 나와 다시 황량한 길을 따라 걸었다. 7년이라는 세월이 흘렀지만 아직도 가끔 남양주경찰서로 가는 황량한 길이 떠오르곤 한다. 아무도 없다. 아무것도 없다. 그리고 그 길의 황량한 분위기는 이 사건과 겹쳐지기도 한다. 이 살인 사건은 선과 악이 얽혀 있다기보다 가까이 있는 사람들의 사이에 있는 황량함에 있다고 본다. 우리는 종종 가장 가까이에 있는 사람에게도 곁을 내주지 않는다. 그리고 그 사이에서 껄끄러움, 무지, 몰

이해 등의 독버섯이 자라난다. 한 공간에서 살았던 이 남자들 사이에도 그런 독버섯 같은 감정이 얽혀 있는 사건이 아니었나 싶다.

그런데 이 글을 쓰기 전에 남양주경찰서를 검색하여 살펴봤더니 이미 남양주경찰서라는 이름은 사라져버렸다. 현재는 남양주북부경찰서와 남양주남부경찰서 두 곳이 남양주시에 있다.

한편 당시 취재했던 강력팀의 막내 형사와 꼭 닮은 형사를 남쪽의 어느 도시에 취재를 갔다가 만난 일이 있었다.

'어디서 봤지?'라고 속으로 생각했지만 이름이 떠오르지 않아 말을 걸지도 못했다. 당시에는 한 달에 살인 사건 한 번, 사기 한 번 꼴로 취재를 하느라 너무 많은 시도경찰청과 경찰서를 다니면서 형사들을 만났기 때문에 낯이 익은 형사들의 이름과 소속을 다 기억하지 못했다.

인터뷰가 끝낼 때쯤 '아, 저분 남양주에서 본 형사님이랑 너무 닮았는데'라는 생각이 들었다. 남양주 사건 인터뷰는 김 형사와 했지만 옆에는 젊은 형사도 함께 있었다. 더구나 이후 이메일로 자료를 받고 추가 질문을 하려고 전화 통화를 할 때는 팀장인 김 형사가 아닌 젊은 형사와 대화를 나누었다. 그렇다면 혹시 쌍둥이 형사인가?

  하지만 형사들 단체 사진을 찍을 때도 차마 묻지 못하다가, 헤어지기 직전에 그 형사님께 다가가 수줍게 물었다. 쌍둥이 쪽은 아니고 그때의 남양주경찰서 강력팀 막내 형사가 틀림없었다. 왜냐하면 그 형사 역시 입술을 달싹이며, 뭔가 하고픈 말을 못 하는 눈치였다. 이미 그도 나를 알고 있는 눈빛이었다.

  "혹시…… 남양주?"

  그 말에 젊은 형사가 반색했다.

  "맞아요. 저 결혼 후에 여기로 내려왔습니다."

  "아, 그렇군요. 먼저 아는 척을 하시지. 너무 반갑습니다!"

  그건 오버액션은 아니었다. 전국의 수많은 경찰청과 경찰서를 다니지만 같은 형사나 수사관들을, 그것도 경기도가 아닌 남쪽 어느 도시에서 이렇게 우연히 만나는 경우란 흔치 않았으니까.

8장

언니가 타준 믹스커피

달달한 믹스커피를 함께 마시는 것은 커피 한 잔 이상의 가치가 있다. 낯선 사람들 사이도 가까워지고, 친한 사람들끼리는 더 속 깊은 이야기를 할 수도 있다. 하지만 그렇게 가까워진 사이는 때론 위험해지기도 한다. 서로의 거리가 선을 넘을 때, 혹은 그 두 사람의 관계가 동등한 우정이 아닌 기괴한 권력 관계로 변질되는 순간이 있다면 말이다.

이 사건의 범인은 친한 동생이 더 이상 자신의 말을 듣지 않아 가족까지 동원해 위험한 계획을 세웠다. 바로 그 동생을 살해하려는 계획이었다. 범인이 피해자를 살해하기 위해 사용한 첫 번째 흉기는 바로 한 잔의 믹스커피였다.

1.

『수사연구』를 사랑하는 수사 관련 종사자들은 많다. 편집장이 되고 나서야 알았는데 『수사연구』는 수사 경찰들이나 전국의 지구대 경찰들만 보는 잡지가 아니었다. 군 조사부서는 물론 국정원에서도 『수사연구』를 참고 교재로 활용하고 있었다. 그런 잡지를 현재는 내 손으로 혼자 만든다니 가끔은 으쓱하기도 하고 어이없기도 하고 그렇다.

또 예전부터 『수사연구』를 사랑하는 곳으로는 〈용감한 형사들〉 외에 SBS 〈그것이 알고 싶다〉 제작진이 있다. 최근까지도 오랜 시간 〈그것이 알고 싶다〉 제작을 맡아온 류 PD님에게 자료 제공 요청 문의 전화를 받았다. 과거 '사바이 단란주점 미제 사건'과 관련하여 우리 측에 자료 요청을 했던 PD였다. 이번에는 90년대 후반 미제 사건에 대한 문의였는데 아쉽게도 『수사연구』에도 기사가 실리지 않은 내용이었다.

그 일로 SBS 류 PD님과 몇 차례 전화 통화를 하면서 〈그것이 알고 싶다〉 제작진들이 『수사연구』를 얼마나 아끼는지 알게 됐다. 그들 역시 40년 역사를 지닌 『수사연구』의 영생을 바라는 분들이었다. 또 류 PD님의 관심사가 살인자의 심리에 있다는 것도 알게 됐다.

나 역시 『수사연구』에서 7년 넘게 일하면서 가장 관심이 가는 부분 중 하나가 살인자의 심리였다. 솔직히 말하면 사건 수사의 해결보다는 살인자의 심리 쪽으로 관심이 더 기울어진다.

사람이 어떤 마음으로 사람을 잔혹하게, 때론 무심하게, 아니면 계획적으로 살인할 수 있는 걸까? 취재를 하다 보니 그나마 가장 이해가 가는 것은 우발적인 살인 사건이었다. 『수사연구』 인터뷰 차 물어보면 많은 형사 분들이 살인범들이 분노조절장애가 심한 경우가 많다고 말한다. 욱하는 감정을 참지 못하는 이들의 행동이 폭력에서 살인으로 순식간에 이어진다는 것이었다.

반면 내가 2017년 연말에 취재한 이 살인 사건은 우발적인 살인은 아니었다. 오히려 굉장히 계획적이고 치밀하게 살인 과정이 진행됐다. 하지만 그 살인의 계기는 감정의 '긁힘' 같은 것이었다. '긁힘'이 앙심이 되고 또 살인까지 이어질 수 있다는 데 놀란 사건이기도 했다. 하지만 담당 형사의 말을 듣고 보니, 그 앙심이 살인에 이르기까지 또 하나의 비밀이 있었다.

이 사건의 등장인물은 여섯 살 차이의 두 중년 여성이다. 두 사람은 성남 모란시장의 각설이타령 공연장에서 만나 친해진 사이였다. 그런데 2017년 7월 그중 나이가 더 어린 A씨(여성, 40대 후반)가 실종됐다. 수사팀은 친한 언니 B씨(여성, 50대 중반)를 유력한 용의자로 보았지만 증거도 없고 심지어 사체도 발견되지 않은 상황이었다.

2.

2017년 연말 이 사건을 취재하러 분당경찰서에 갔을 때 형사과장님께서 나를 반갑게 맞아주었다. 과장님 역시 『수사연구』의 애독자라면서 담당 형사와의 편안한 취재 분위기를 만들어주었다.

내 앞에는 두툼한 수사결과보고서가 놓여 있었다. 이 보고서 하나면 볼륨 있는 취재 기사를 만들기에 충분했다.

"감사합니다. 수사결과보고서는 취재 후에 제가 가져가도록 하겠습니다."

그때 나는 보았다. 형사과장님의 얼굴이 흙색으로 변하는 것을.

"수사결과보고서? 그건 외부 유출이 안 되는 자료지."

"그래도 『수사연구』는 계속해서 받아왔습니다. 『수사연구』에서는 그 수사결과보고서를 통해서 형사들의 사건 연구에 더 도움이 되는 기사를 쓰고 있습니다. 당연히 외부 유출은 되지 않는 잡지고요. 수사결과보고서와 사진 자료의 사본들은 곧바로 폐기합니다."

급작스러운 상황에서 이렇게 논리정연하게 말하지는 못했다. '아니, 왜 당연히 주시는 걸 안 주시나요'라는 식으로 어리바리하게 말했던 것 같다.

여하튼 그날 취재 이후 나는 시대가 달라진 것을 체감했다. 원칙적으로 수사결과보고서는 외부 유출이 안 되는 게 맞았다. 다만 『수사연구』가 경찰 내부의 잡지라는 인식이 강해 그동안 예외가 되었을 뿐이다.

물론 나중에 이 일에 대해 편집장님은 씁쓸한 표정을 지으며 말했다.

"그만큼 우리 『수사연구』의 위상이 수사과 내부에서도 약해진 거죠."

그날 사건 취재에서 수사결과보고서를 받아 갈 수 없었기에 나는 더욱 인터뷰에 집중해야 했다. 함께 인터뷰를 진행한 형사 중 한 명은 분당경찰서 강력팀의 서 형사였다. 통통하고 인상 좋은 얼굴의 형사였다.

"이 사건은 처음에 어떻게 시작이 된 거예요?"

"일단 실종 신고가 들어왔어요. A씨가 생활 보호 대상자였는데, 역시 생활 보호 대상자인 동거인 남성이 있었습니다. 그런데 A씨가 7월 14일에 외출한 이후 한 달이 다 되도록 돌아오지 않은 거죠."

당시에는 실종 사건이었기 때문에 분당경찰서 여성청소년과에서 A씨의 실종 사건을 진행했다. 여성청소년 실종과에서는 A씨의 주변인을 찾아 한 달 가까이 탐문했다. 하지만 그녀를 알고 있는 주변인을 찾아내 탐문하기란 쉽지 않았다.

"처음 실종 수사를 담당한 팀에서는 이 사건이 결국 단순 실종 사건이 아니라고 생각했어요. 아무리 수사해도 그녀의 행방이 드러나지 않았으니까요. 그래서 공조 수사를 위한 합동심사위원회를 열어, 9월 18일부터 강력 사건 범죄에 대한 의심을 가지고 저희 강력팀에서 이 사건을 맡기로 했죠."

"그사이에 CCTV가 지워져버려서 수사가 쉽지 않았겠는데요?"

마치 내가 수사결과보고서를 받을 수 없어 기사 쓰기가 난감해질 거라 예상한 것처럼.

"그렇죠. 그래서 병원 진료 기록, 금융 거래 내역, 휴대폰 사용 내역을 다 조사했어요. 그런데 7월 14일 이후에 아무 생활 반응이 없었죠. 기지국 조사 결과 A씨의 휴대폰 역시 7월 14일 남양주시의 국도변에서 전원이 꺼진 것으로 나왔죠."

생활 반응이 없다는 건 마음먹고 잠적한 수배자가 아닌 이상 살인 사건의 피해자일 가능성이 높다는 의미였다.

서 형사를 비롯한 강력팀은 그래도 A씨가 살아 있으리란 희망을 갖고 탐문 수사를 이어갔다. 하지만 어떤 단서도 찾기 어려웠다.

"당시 유력한 용의자는 동거남이었겠네요?"

"네. 심지어 동거남은 실종 당일 A씨와 함께 집에서 나와 버스를 타고 성남 모란시장으로 장 구경을 갔거든요."

"그럼에도 알리바이가 성립했나요?"

"네. A씨의 동거남은 습관적으로 영수증을 모으고, 일상에서 일어난 일들을 사진으로 찍고, 통화 내역도 모두 녹음하는 버릇이 있었어요. 그날뿐만이 아니라 계속 그런 식으로 모든 것을 모으고 저장했죠. 이런 기록 습관 때문에 동거남은 용의선상에서 빠르게 배제됐어요."

"그런데 동거남은 왜 이렇게 늦게 실종 신고를 했대요?"

수사팀도 그 사실을 미심쩍게 여기고 물어보았다. 하지만 동거남은 A씨가 그와 사귀던 중 바람이 나서 집을 나간 적이 있었다고 했다. 또 경찰에 신고는 하지 않았어도 개인적으로 A씨를 찾아다닌 것으로 밝혀졌다.

3.

용의선상에서 벗어난 동거남은 동거녀 A씨를 찾기 위해 적극적으로 수사팀을 도왔다. 동거남은 다른 사람은 몰라도 친한 언니 B씨만은 A씨의 행선지를 알 수 있을 거라고 귀띔했다. 그러면서 두 사람이 언니 동생 하는 10년 지기 친자매 같은 사이라고 했다.

"둘은 모란시장 각설이 품바 공연장의 손님으로 만나서 친해진 사이라고 했어요. 그런데 동거남에 따르면 친하다기보다 좀 이상하다고 했죠."

"어떻게 이상했는데요?"

"주변인들 말을 들어보면 A씨는 좀 어수룩한 성격이었대요. 그렇다 보니 B씨와 친해진 후에 꼭 B씨의 꼭두각시처럼 움직였대요. 소위 말하는 '꼬붕' 같은 역할이었죠."

하지만 동거남에 따르면 두 여성 사이에 최근 불편한 기류가 흘렀다는 것이었다.

그 이유는 2016년에 일어난 절도 사건 때문이었다. A씨가 동거남과 만나던 중 바람이 나서 다른 남자의 집에 잠깐 산 적이 있었다. 그때 그 남자의 집에 도둑이 들었다. 그 도둑은 바로 A씨와 친하게 지낸 언니 B씨였다.

"A씨와 짜고 벌인 도둑질이었나요?"

"아니요. A씨와는 상관없는 일이었어요. 그런데 고소를 당하자, B씨는 거주지인 서울 면목동에서 성남시에 사는 A씨에게 찾아와 부탁했죠. 도둑질을 한 게 아니라 A씨가 전에 쓰던 물건을 하나 찾아달라고 해서, B씨가 빈집에 들어간 걸로 해달라고 말이죠."

A씨는 이 부탁을 거절했고 B씨는 검찰 조사까지 받아 절도죄로 벌금형을 받았다. 그런데 모든 것을 사진으로 기록하는 A씨 동거남의 버릇 때문에 수사팀은 중요한 단서를 얻을 수 있었다.

"당시 A씨는 현재 동거남과 함께 살고 있었어요. 동거남은 B씨와 그녀의 아들이 렌터카를 타고 왔을 때 그 차량을 찍어놓았다고 했죠. 그 차량 번호를 확인해서 소속 렌터카 업체에 문의했고, 모자의 렌터카 대여 기록과 차량 GPS 이동 경로 등을 확보했어요."

이번에도 운이 좋았다고 할까? 7월 13일 A씨가 종적을 감추기 하루 전날, B씨의 아들 C씨(남성, 20대 중반)가 구리 교문동의 한 업체에서 렌터카를 빌린 기록이 남아 있었다. 다만 안타깝게도 당시 블랙박스의 기록은 지워져 있었다.

서 형사는 C씨의 이동 경로를 찾기 위해 GPS를 확인했다. 그랬더니 해당 차량이 7월 14일 이른 아침 두 모자의 주거지인 면목동에서 출발해 성남 모란시장을 거쳐 강원도 철원까지 이동한 것으로 밝혀졌다.

"성남 모란과 강원도 철원 사이에 경기 남양주시가 있죠. 그리고 경기 남양주시는 A씨의 휴대폰 전원이 꺼진 마지막 기지국 장소였습니다."

4.
수사팀은 중요한 사실을 또 하나 알아냈다.

"B씨의 주거지가 두 곳이었어요. 한 곳은 서울 면목동, 나머지 한 곳은 강원도 철원이었죠."

하지만 그것만으로 B씨가 A씨를 살해했다는 증거가 되는 것은 아니었다. 고민하던 수사팀은 결국 직접 B씨와 부딪쳐 보기로 결정했다.

B씨와 C씨는 겉보기에는 평범한 사람들로 보였다. 하지만 생활환경이 아주 평범하진 않았다. B씨는 전 남편과 별거 후에 손뜨개 한 물건을 팔거나 식당 일을 도우며 생

계를 이어갔다. 그녀의 아들 C씨는 간혹 PC방에서 컴퓨터를 하는 것 외에는 집에만 틀어박혀 있었다. C씨는 주변에 친한 사람도 없고, 그저 엄마의 말만 따르고 엄마가 만나는 여자 지인들만 이모라고 부르며 따르는 정도였다.

수사팀은 철원 주거지에서 직접 B씨를 만났다. 그리고 참고인 조사를 부탁했다.

"참고인 조사에서 B씨가 7월 14일에 A씨를 만났다고 했나요?"

"아니요. 근데 날짜는 정확하게 기억 못 해도 그 무렵에 강원도 철원에는 갔다고 했어요. 별거 중인 남편이 운영하는 농장이 있어서, 아들이 운전하는 렌터카를 타고 가서 일을 도왔다는 거죠."

"일을 도왔다? 그 일이 진짜 농사일은 아니었겠죠?"

"그때도 B씨의 말을 쉽게 믿기란 어려웠죠. 굉장히 횡설수설했으니까요. 심지어 7월 19일에 강원도 철원에서 면목동으로 가는 길에 우연히 성남을 지나갔는데, 길에서 A씨를 봤다는 거예요."

"아니, 우연히 성남에를 왜 가요?"

"뭐, 내비게이션을 따라가다 보니 그냥 성남이었다나? 그때 길에서 A씨를 우연히 만났는데, 동거남에게 폭행을 당해 집을 나와 다른 남자 집에 숨어 살고 있다고 말했다는 거예요."

B씨는 두서없긴 했지만 7월 19일에 분명 A씨와 대화를 나눴다고 주장했다.

한편 B씨의 아들 C씨는 참고인 조사 불응은 물론 SNS 연락이나 전화, 우편물에도 무응답이었다.

"걸리는 게 있으니까 그랬겠죠? 그렇지만 아무리 의심스러워도 살인 혐의로 체포나 압수수색영장을 신청할 수 있는 상황은 아닌 것 같은데요."

내 질문에 서 형사가 고개를 끄덕였다.

"네, 저희도 그렇게 생각해서 팀에서 회의를 했습니다. 그 결과 일단 살인 혐의로 영장 신청은 힘들어도, 감금죄로 영장은 신청해볼 수 있을 것 같았어요. 렌터카의 이동 경로와 A씨의 휴대폰 기지국 위치 값이 동일했잖아요. 이 정도면 A씨를 렌터카에 태우고 이동했다는 의심은 할 수 있으니까요."

수사팀은 11월 12일 B씨와 C씨 모자에 대한 체포영장, 휴대폰 실시간 추적, 압수수색검증영장 등을 신청했다. 그리고 이후 휴대폰 추적으로 이들의 소재를 파악했다. 11월 28일에 수사팀은 C씨를 체포하기 위해 세 팀으로 나

뉘어 움직였다.

"서 형사님은 어디로 가셨어요?"

"저는 시흥에 있는 C씨의 작은누나 집에 갔어요. 그곳에 C씨가 숨어 있었거든요."

또 한 팀은 면목동 주거지에서 B씨를 체포했다. 마지막 팀은 강원도 철원의 집으로 가서 압수수색검증영장을 집행하기로 했다.

"아들 C씨는 순순히 체포됐나요?"

"원래는 오후 1시에 서울과 시흥에서 동시에 모자를 검거하기로 했어요. 그런데 시흥 집에서 제가 아무리 문을 두드려도 열리지가 않는 거예요. 마침 면목동 쪽에서 주거지에서 나오는 B씨를 검거했는데 아들 C에게 자꾸 전화를 걸더래요."

서 형사는 아들 C씨가 집에 숨어 있을 거라 확신하고 강제 개방을 하고 집 안으로 들어갔다. C씨는 이불 속에 숨어서 자는 척을 하고 있었다.

한편 철원으로 간 수사팀은 충격적인 순간을 겪었다. 해당 팀은 B씨의 남편에게 통보를 하고 창고 압수수색을 진행했다. 그런데 잠시 화장실에 다녀온다고 말한 남자가 창고 인근에서 목을 매고 만 것이었다. 수사팀은 서둘러 그를 병원으로 옮겼지만 이미 숨이 끊어진 상태였다.

5.

사체도 발견되지 않았다. 결정적인 증거도 찾아내기 어려웠다. 하지만 별거 중이던 B씨 남편의 자살로 의심은 더욱 깊어졌다. 그러니 범인들의 자백이 중요했다. 마침 B씨와 C씨 모자가 체포되어 휴대폰을 압수당한 채 분당경찰서에 도착했다.

"두 사람은 남편, 그리고 아버지의 자살을 알지 못했나요?"

"네. 말하지 않았어요. 알게 되면 모든 범행을 B씨가 죽은 남편에게 뒤집어씌울 가능성도 높다고 봤어요. 감정의 동요가 있을 수도 있고요. 심지어 두 사람은 서로가 동시에 체포된 것도 알지 못했어요."

서 형사는 20대 중반의 나이였지만 위압적인 덩치를 가진 C씨의 조사를 담당했다.

"C씨는 경찰관의 출석 요구에 불응해서 잡혀 온 것 같다면서 자신의 범행을 아예 모르는 척했죠."

"그래서 겁을 주셨나요?"

"겁을 주긴 했어요. 말이 아니라 행동으로."

서 형사는 C씨 앞에 산더미처럼 수사 서류를 쌓아놓았다. C씨는 그 수사 서류를 보고 긴장한 기색이 역력했다. 물론 『수사연구』 기자라면 그 수사 서류를 보고 군침을 흘렸을 것이지만.

서 형사는 겁에 질린 큰 덩치의 C씨에게 나직하게 말했다.

"지금 이 서류는 너를 수사한 사항에 대한 것이다. 이 서류 외에 네 주변인을 탐문한 내용의 서류는 또 따로 있다. 그러니 우리는 네 범행을 모르는 것이 아니라 확인하기 위해 너를 부른 것이다. 그리고 너에게 자백할 기회를 주기 위한 것도 있다."

한편 B씨는 또 다른 형사 앞에서 아들만은 살려달라고 부탁했다. 그녀는 아들 C씨가 함께 체포된 것을 모르고 있었다. 그래서 B씨는 범행 사실을 자백하기 시작했다. 형사는 B씨의 신문을 녹음해서 해당 파일을 C씨의 신문을 담당한 서 형사에게 보냈다. 서 형사는 이어폰을 귀에 꽂고 B씨의 자백을 직접 들었다.

"무슨 내용이 담겨 있었나요?"

"B씨는 7월 14일 아들의 렌터카를 타고 모란시장에서 A씨를 기다렸어요. 그리고 아들이 운전하는 렌터카에

A씨를 태웠습니다. 그리고 생수병에 담아놓은 직접 탄 믹스커피를 건넸죠."

그 믹스커피는 달콤했지만 A씨를 잠들게 했다. 수면제를 갈아 넣은 믹스커피였기 때문이다.

6.

모자는 범행 사실에 대해 실토했다. 두 사람은 잠든 A씨를 차에 태운 채 철원에 있는 B씨 남편의 주거지로 향했다. 그 사이인 남양주시쯤에서 A씨의 휴대폰이 울리기 시작했다. B씨는 그 휴대폰을 아들 C씨에게 건넸고, 그는 아예 휴대폰의 전원을 꺼버렸다.

"철원에서 B씨는 남편을 찾아갔고 결국 남편도 살해 공모에 가담했어요."

"그럼, 세 사람이 함께 피해자를 살해한 거군요. 어떤 흉기를 사용했나요?"

"흉기는 없었어요. 그저 잠든 채 쌔근쌔근 숨을 쉬는 A씨를 텃밭 구덩이까지 옮긴 거죠. 그리고 그대로 암매장을 한 거예요."

"살아 있는 사람을 그대로요?"

서 형사가 고개를 끄덕였다.

서 형사는 C씨를 신문하면서 그에게 암매장 장소를 물었다. C씨는 아버지 소유의 텃밭에 구덩이를 파고 A씨를 묻었다고 했다. 서 형사는 C씨에게 당시 암매장하면서 어떻게 A씨를 눕혔느냐고 물었다. C씨는 종이를 달라고 부탁했다. 서 형사는 그에게 종이 한 장을 건넸다.

"C씨가 그림을 그리기 시작했죠. 구덩이가 좁아서 눕혀 놓고 다리를 든 상태로 무릎을 굽혀서 집어넣었다고 했습니다."

암매장 진술이 나오자 신문을 담당한 두 형사를 제외한 분당경찰서 형사들 대부분이 철원으로 향했다. 경기남부 과수팀 과학수사계도 현장으로 출동했다. 수사팀은 아들 C씨가 암매장 장소로 지목한 곳에서 임장을 시작했다. 얼마 지나지 않아 사체의 모습이 드러났다. 과수팀이 현장에서 감식을 시작했는데 사체는 C씨가 그린 그림과 동일한 그 자세 그대로 누워 있었다.

"당시 저희 수사팀에서는 사체가 오래되어 부패가 심하거나 백골만 남았을 거라고 예상했어요. 하지만 무슨 이유에서인지 사체는 미라처럼 변해 있었고, 옷차림도 7월 14일 CCTV에서 본 그대로였죠."

사체를 발견했지만 서 형사의 마음은 기쁘기보다 착잡

했다고 했다. 사체가 발견되고 범인을 추적한 살인 사건이 아니었다. 사체 없이 혐의만으로 범인의 자백을 받았고 이후 사체를 찾아낸 사건이었다. 형사들은 내내 사체가 아닌 무사히 살아 있는 A씨를 만나게 되기를 바랐던 것이다.

"저희는 그때 그랬어요. 의심한 대로 계속 살인 사건으로 흘러가고 있지만, 그게 아니기를, 어딘가에 피해자가 살아 있기를 바랐거든요. 하지만 결국 처음의 예상대로 세 명의 가족이 잠든 피해자를 산 채로 구덩이에 묻어 살해한 거죠."

11월 30일 국과수 서울과학수사연구소에서 피해자 사체의 부검이 이뤄졌다. 다만 부패 때문에 평가는 제한적이었다. 의료상 특이사항이나 골절된 뼈는 없었다. 특이사항으로 식도에서 흙으로 추정되는 이물질이 소량 발견됐다.

"국과수 의견으로는 식도 등에서 흙이 발견됐다면, 생존 시 매장 가능성이 매우 높다는 소견을 내놓았습니다."

7.

살인의 원인은 앙심이었다. 사체 발견 후 이어진 조사

에서 B씨는 A씨 때문에 억울한 누명을 썼다고 했다. B씨의 부탁으로 당시 A씨와 잠시 거주하던 남자의 집에서 짐을 빼왔을 뿐인데 도둑으로 몰렸다는 것이었다.

"B씨가 의도적으로 사망한 A씨를 악인으로 몰아가려 하는 게 보였어요. 그래서 당시 수사 기록을 확인하면서 재차 확인했죠. 그제야 B씨는 사실대로 말했어요."

B씨가 그날 도둑질을 한 것은 맞았다. 다만 사건 당일 B씨는 A씨에게 전화해서 A씨가 전 남편 사이에서 낳은 아들이 지금 칼을 들고 오는 걸 봤으니 피하라고 했다. 그 바람에 놀란 A씨가 집 밖으로 나가자, 빈집에 들어가서 도둑질을 한 것이었다.

"이후 B씨는 조사를 받을 때 자신에게 유리한 진술을 A씨에게 부탁했지만 거절당했어요. 그 때문에 앙심을 품은 거죠."

"그럼 아들 C씨는 엄마의 말에 따라 꼭두각시처럼 움직이기만 한 건가요?"

"아니요. C씨도 이미 A씨에게 앙심을 품었다고 했어요."

당시 C씨는 A씨를 친한 이모처럼 따르고 있었다. 그런데 C씨가 중고차를 구입할 기회가 있었는데, 마침 두 모자 모두 휴대폰 요금이 몇 달째 밀려 있는 등 신용불량자에 가까웠다. 이에 B씨는 A씨를 찾아가 인감을 좀 빌려달라고 했다.

"C씨에 따르면 A씨가 처음에는 인감을 빌려줄 것처럼 굴다가 거절했다고 해요. 친동생에게 인감은 함부로 빌려주는 게 아니라는 말을 듣고 마음을 바꾼 거죠. 이 일로 C씨 역시 A씨를 원망하고 있었어요. 두 사람이 앙심을 품은 건 이해했어요. 그런데 기자님도 앙심을 품었다고 사람을 계획적으로 죽일 생각까지는 안 하잖아요."

"그렇죠. 그건 좀 너무 이상하죠."

나는 고개를 끄덕였다.

"많은 사건들을 접하는 형사인 저희도 납득이 안 가니 그 이유만으로 검찰에 송치할 수는 없었어요. 그래서 피해자를 살해한 진짜 의도가 무엇인지 계속 물어봤죠. 그랬더니 B씨가 A씨와 관련해 숨기고 싶었던 비밀을 털어놨어요."

그 비밀은 B씨가 남편과 A씨 사이의 성관계를 종용했던 일이었다. B씨의 남편은 당시 철원에 거주하고 있었는데, B씨와는 별거 중인 상황이었다.

"B씨는 A씨에게 남편과 성관계를 하면 돈을 벌 수 있다면서 계속 설득했다고 해요. 그 바람에 A씨는 B씨의 남편과 성관계를 맺었습니다. 조사 결과 B씨가 그렇게 몰아간 이유가 있었어요. 당시 B씨는 남편이 별거만 하고 이혼을 해주지 않아, A씨와의 성관계를 빌미로 이혼을 요구하면 그의 재산을 빼앗을 수 있을 거라고 생각했죠."

하지만 B씨의 이혼 요구에도 남편은 미지근한 반응이어서 이 계획은 실패했다. 오히려 B씨 본인에게 불똥이 튀었다. A씨가 이 사실을 동거남에게 털어놓는 바람에 동거남이 그녀에게 전화를 걸어와 불같이 화를 낸 것이었다. 심지어 입에 담지 못할 욕설까지 퍼부었다.

B씨는 자기에게 욕을 퍼부은 남자에게도 화가 났지만 오히려 꼭두각시로 여겼던 A씨에게 더욱 화가 났다. B씨는 아무것도 가진 것이 없이 힘든 생활을 이어가고 있었다. 그 상황에서 마음대로 휘두를 수 있는 장난감 같은 존재 A씨가 그녀를 거역하는 것도 모자라 둘만의 비밀까지 떠벌리고 다녔던 것이었다. 그녀는 결국 꼭두각시를 조종하던 끈과 함께 목숨까지 끊어버리기로 마음먹었다.

"B씨는 아들 C씨에게 A씨를 죽여야겠다고 말했어요. 중고차 문제로 앙심을 품었던 C씨도 흔쾌히 동의했죠."

결국 7월 14일, 언제나 그렇듯 모란시장에 갔던 A씨는 하얀 렌터카 한 대가 눈앞에 주차하는 것을 보았다. 렌터카 안에는 친한 언니 B씨와 그녀의 아들 C씨가 있었다. B씨는 함께 드라이브나 하자며 A씨를 차에 태웠다. 그녀는 차에 올라탄 A씨에게 수면제가 든 믹스커피를 연달아 두 잔이나 주었다. 그 커피를 마시고 A씨는 두 눈을 감고 깊은 잠에 빠졌다. 깊은 웅덩이 안에 웅크린 채 놓이고 흙더미가 머리 위로 쏟아질 때까지 그녀는 꿈을 꾸듯 눈을 감고 숨을 쉬었다. 그리고 4개월여의 시간이 흐른 후 형사들은 그녀의 행방을 찾아 그녀를 다시 세상과 만나게 해주었다. 그녀가 밝은 세상으로 나오자, 그녀를 죽음으로 몰아넣은 앙심과 비밀로 얽힌 계획 살인 역시 낱낱이 세상에 드러났다.

8.

서 형사에게 사건의 진상을 듣고 나자 모든 과정의 생생한 잔상이 머릿속에 남았다. 하지만 나는 불안했다. 기록 전체가 담긴 수사결과보고서가 있어야만 그 잔상을 기사로 확실하게 정리할 수 있을 것 같았다.

나는 형사과장님에게 부탁했다.

"혹시 사진을 찍으면 안 될까요? 수사결과보고서를."

형사과장님이 웃으면서 말했다.

"아니, 그건 안 되지, 박 기자님."

하지만 막상 집으로 돌아와 책상 앞에 앉아 녹취를 풀기 시작하자, 의외로 이 사건의 기사를 쓰는 일은 생각보다 어렵지 않겠다는 생각이 들었다. 당시 사건을 맡은 서 형사와 다른 동료 형사 분의 생생하고 친절한 인터뷰 때문이 아니었나 싶다. 이 사건 이후로는 수사결과보고서 없이 인터뷰와 한두 장짜리 보도 자료를 참고해서 기사를 쓰는 경우가 대부분이었다.

그 뒤 서 형사와는 따로 연락할 일이 없었는데 2024년 『수사연구』 편집장이 되고 나서 웹진 오픈 소식을 알리는 문자 메시지를 보낸 적이 있었다. 서 형사는 '반갑다'는 답장과 함께 인사를 전해왔다. 그리고 서 형사는 그보다 더 반가운 소식, 곧 치러질 결혼 소식을 들려주었다.

나는 진심으로 축하해주었다. 아마 시 형사 역시 당시의 인터뷰가 좋은 기억으로 남아 있었기에 여전히 나를 기억해주는구나 싶었다.

『수사연구』 취재 기자로서 기분 좋은 일은 이런 거다. 형사들이 『수사연구』 인터뷰를 힘든 사건 수사가 이어지는 나날 속에서 그래도 행복한 몇 시간으로 기억해주는 걸 체감할 때다. 그리고 나도 항상 그런 분위기를 만들기 위해 노력한다. 호응해주고, 반응해주고, 같이 사건 속에 들어간 것처럼 놀라기도 하고. 수사결과보고서는 없지만 그런 호응이 두툼한 서류 못지않은 생생한 인터뷰를 끌어낸다는 것을 어느 순간 깨달았기 때문이다. 물론 『수사연구』 취재 기자의 인터뷰 스킬은 기자들마다 다르다. 전설로 내려오는 과거의 한 편집장님은 섭외 때부터 나와는 정반대의 인터뷰 스킬을 보유했다고 한다.

"『수사연구』 인터뷰 안 하시겠다고요? 네, 알겠습니다. 그쪽 수사팀에서 손해인 거 아시죠!"

그러고서 먼저 전화를 뚝. 그럼 다시 전화가 걸려온다고 한다. 나 또한 그런 시절이 다시 오기를 아주 약간 바라기는 한다.

9장

나는 악마를 만났다

남자는 취미로 댄스 학원에서 춤을 배웠다. 그런데 댄스 학원의 사람 중 유달리 눈에 띄는 이를 보았다. 그는 인상이 좋아 주변 사람들에게 인기가 많았지만 사실 남자는 그 사람의 비밀을 알고 있었다. 그 사람은 남자의 눈에만 보이는 악마였기 때문이다. 악마는 댄스 학원의 회원들에게 접근해 독약이 든 술을 먹였다. 남자 역시 악마가 건넨 술을 마시고 점점 건강이 안 좋아지는 것을 느꼈다. 실제로 악마의 술을 여러 차례 받아 마신 동료 한 명은 점점 앙상하게 말라가더니 죽음에 이르기도 했다.

  남자는 악마의 악행을 기억하기 위해서 악마에 대한 내용을 매일 일기처럼 적어갔다. 그 일기장 안에서 악마는 더 잔혹하고 무서운 모습으로 변해갔다. 악마에 대한 두려움에 떨던 남자는 결국 그 악마를 죽이기로 결심한다.

이 모든 것은 남자의 환상이었다. 하지만 남자가 저지른 살인은 환상이 아니었다.

1.

2025년 새해를 맞아 『수사연구』 500호 발간 기념 인터뷰로 현장감식의 대가 이삼재 선생님을 찾아뵈었다. 선생님의 손을 거친 현장감식은 주로 수도권을 중심으로 60년대부터 2000년대까지 이어졌다. 선생님 말씀으로는 매달 10건 정도의 살인을 포함한 강도, 강간, 방화 등 강력 사건들의 현장감식을 했던 것 같다고 했다. 그중에는 70년대 청량리의 대형 쇼핑몰 대왕코너 화재 사건부터 80년대의 오대양 사건, 90년대의 화성연쇄살인 사건까지 굵직한 사건들도 다수 있었다. 그리고 이삼재 선생님께서 직접 촬영한 사체 및 사건 현장 사진을 포함한 사건 수사 원고들은 30년 넘게 『수사연구』에 연재됐다. 나는 선생님의 원고가 『수사연구』의 꽃이라 부르는 「라이브 리포트」의 씨앗 같은 원고라고 생각한다.

취재 당일 나는 『수사연구』의 전설과도 같은 필자, 이삼재 선생님을 실제로 처음 뵈러 가는 길이라 잔뜩 긴장했다. 걱정은 크게 두 가지였다. 하나는 현장감식의 대가에게 혼쭐이라도 나면 어떡하지, 싶어 좀 겁이 났다. 뭔가 내가 만들고 있는 『수사연구』를 일일이 지적하시며 꼬장꼬장하게 화를 내시지 않을까 싶은 마음이 들었다(화는 내시지 않았지만, 지적은 하셨다. '아니, 왜 사체 사진이 하나도 없는 건가? 사체 사진이 없는 잡지가 『수사연구』가 맞는가' 하는 지적). 또 하나는 선생님의 연세가 연세이신 만큼 지난 시절의 현장감식에 대한 인터뷰가 가능할까, 라는 의구심이었다. 그런데 선생님을 뵙는 순간 모든 걱정이 다 사라졌다. 87세의 연세와 깡마른 몸집에도 불구하고 그렇게 눈빛이 형형해 보일 수가 없었다. 물론 과거의 기억들이 이제는 희미해졌다고 푸념하시지만 보관해놓은 사건에 대한 설명만은 어제 현장감식을 하신 것처럼 선명하게 기억을 떠올리셨다.

또 선생님은 과거 『수사연구』 기자들과 허물없이 지내신 덕인지 오랜만에 나타난 『수사연구』 기자를 보고 반가워하는 기색이 역력하셨다(물론 내가 홀로 지내시는 선생님을 위해 비비고 미역국을 잔뜩 사 가서였을 수도 있겠지만). 그러다 보니 이삼재 선생님과의 대화는 사건 자료들을 앞에 두고 물 흐르듯 편안하게 진행됐다. 선생님은 과거에 사건 현장만 보고서도 범인을 잡아낸 적도 많았다고 했다.

"어떤 촉 같은 건가요? 현장에 있는 사람들을 보면 살인의 기운이 느껴지시는 건가요?"

사실 나는 추리물보다 오컬트 쪽을 좋아했다. 유령, 빙의, 흉가, 점술, 악마의 메시지 같은 것들. 이런 소재들을 보면 머릿속에서 도파민이 줄줄 흐르는 기분이다. 아마 『수사연구』가 아니라 '빙의연구'나 '흉가연구' 같은 잡지가 있으면 그쪽으로 직종을 옮겼을지도 모르겠다. 다만 좋아하는 것과 믿는 것은 또 차원이 다르긴 하다. 나는 믿기보다 좋아하는 쪽에 가깝다.

하여간에 『수사연구』에서 취재하는 살인 사건 중 오컬트 종류의 사건은 거의 없다고 봐도 무방하다. 하지만 이삼재 선생님을 뵈니 뭔가 이 현장감식의 달인에게는 사건 현장에 흐르는 범죄의 기류를 집어내는 촉이 있을 것도 같았다. 살인자를 만드는 악령의 기류라든가……. 하지만 내 예상은 빗나갔다.

"모든 강력 사건은 사건 현장에 답이 있어. 현장감식을 끝내면 이 사건이 몇 시쯤, 어떤 방식으로, 어떤 상황에서 일어났는지 파악할 수 있는 경우가 많아. 그런데 현장의 참고인들 중 그와 다른 진술을 하는 사람이 있다, 그렇다면 범인일 가능성이 높아지는 거지."

나는 그날 선생님의 자택에서 선생님이 찍은 많은 사건 현장의 사체들을 보았다. 불에 타거나 피범벅이 된 사체들, 칼에 찢기거나 둔기에 맞거나 목이 졸린 사체들이 낡은 사진으로 남아 있었다. 그 사체 위에는 사망자의 주소, 사건 경위 등이 정갈한 글씨로 적혀 있었다. 선생님은 60년대부터 2000년대 초반까지 매번 현장감식 사건마다 이런 파일을 만들었다고 했다.

"『수사연구』 기자들이란 말이야, 이런 사진들을 보고 또 봐야 해."

"요즘은 살인 사건 취재를 거의 할 수 없지만 몇 년 전까지 매달 봐야 했습니다."

"사체의 사진을 그냥 보는 게 아니라 사체의 사진을 보고 현장을 파악하는 눈을 길러야 하는 거지. 강력반 형사보다 더 살인 사건의 사체와 사건 현장에 대해 아는 게 많아야 『수사연구』의 기자라고 할 수 있어."

실제 과거 『수사연구』 기자들 중에는 선생님과 함께 직접 살인 사건 현장에 찾아간 분들도 있다고 했다. 나도 딱 한 번 살인 사건의 현장에 간 적이 있었다. 그 이야기는 아마 다음 책에서 쓰지 않을까 싶다.

하여간 선생님의 말씀으로 판단하면 나는 『수사연구』 기자로는 좀 부족한 사람이었다. 경찰서 강력팀에서 받아 온, 모자이크 처리를 하지 않은 사체 사진을 처음 볼 때는 실눈을 뜨고 속으로 으으으, 하며 보는 수준이었기 때문이다.

나는 선생님과 대화를 나누면서 현장감식 과정에 대해 형사에게 자세한 설명을 들었던 사건 하나가 떠올랐다.

2018년 봄에 충남 서천경찰서에서 취재한 사건으로, 특이하게 사건 현장이 일반 가정집이나 깊은 산속, 혹은 바닷가가 아닌 시골 마을 입구였다. 물론 사건의 시작은 사체가 아닌 한 점의 혈흔이었다.

게다가 내가 이 사건을 기억하는 또 다른 이유도 있었다. 뭔가 오컬트의 풍미가 풍겼던 흔치 않은 사건이었다. 사실 완전한 오컬트라고는 할 수 없지만, 이 사건은 시골 마을에 어느 날 악마가 나타나 독살 계획을 세웠다는 데서 시작된다.

2.

충남 서천군 시골 마을의 이장이 2018년 1월 21일 일요일 아침 마을 입구에서 소량의 핏자국을 발견했다. 그리고 잠시 후 이장은 그곳에서 40킬로미터 떨어진 곳에서 다시 혈흔을 발견했다. 이번에는 다량의 혈흔이었다. 이장은 혹시 고라니가 차에 치인 후에 도망치면서 흘린 피가 아닐까 생각했다. 그런데 그날 오전, 한 가족이 이장을 찾아왔다. 이 마을에 거주하는 A씨(남성, 50대 후반)의 가족들이었다. A씨가 1월 19일 차를 몰고 나갔다가 이틀이 지났는데도 귀가하지 않았다고 했다. 게다가 휴대폰 역시 꺼진 상태라는 것이었다. A씨 가족은 혹시나 이장이 A씨를 동네에서 본 적이 있는지 궁금해서 찾아온 것이었다. 이장 역시 A씨는 보지 못했다. 하지만 찜찜한 점이 있었다. 그는 불안한 목소리로 그날 아침 마을 입구에서 그가 발견한 혈흔에 대해 털어놓았다.

A씨 가족은 이미 실종 신고를 했지만 이 사건은 이제 정황상 강력 사건의 가능성도 높아졌다. 그래서 서천경찰서 형사2팀이 현장으로 출동했다. 그날 현장에 있던 형사2팀의 차 형사가 나와 인터뷰를 나누었다.

차 형사는 강력반 형사답게 현장의 혈흔에 대해 상세하게 설명해주었다.

"마을 입구에 있는 소량의 혈흔, 그리고 마을 입구에서

40킬로미터 떨어진 곳에서 다량의 혈흔을 확인했어요. 그런데 자세히 살펴보니 다량의 혈흔이 있는 곳에서 마을 입구 삼거리까지 중력에 의해 위에서 아래로 떨어진 낙하 혈흔이 이어져 있었어요."

차 형사는 현장 주변을 샅샅이 뒤지기 시작했다. 그랬더니 이상한 흔적들이 곳곳에 있었다.

"물티슈가 떨어져 있었어요."

"물티슈요?"

"네. 피 묻은 물티슈가 도로변 그리고 마을 입구 수로에 여러 장 떨어져 있었어요."

차 형사는 듬직한 강력반 형사보다는 감식 요원 같은 느낌을 풍겼다. 호리호리한 체격에 긴 다리로 현장 곳곳을 재빠르게 뛰어다니는 모습이 그려졌다. 그는 그렇게 물티슈의 흔적을 쫓다가 드디어 도로 옆 농수로에서 두 쪽으로 부서진 야구방망이를 발견했다. 당연히 그 야구방망이에는 상당량의 혈흔이 묻어 있었다. 또 신발 한쪽도 떨어져 있었다. 신발에도 혈흔이 묻어 있었다. A씨의 가족들에게 물어본 결과 A씨의 운동화라는 말을 들었다.

"아, 그럼 이제 CCTV를 통해 용의자를 추적하셨겠네요?"

내 말에 차 형사는 고개를 내저었다.

"아니요. 시골의 외진 농수로여서 그곳을 비추는 CCTV가 없었어요. 마을 입구에도 CCTV는 없었고요."

이후 지방청 과수팀이 도착해서 도로와 야구방망이, 물티슈, 신발에 묻은 혈흔 등을 채집해 국과수에 감정을 의뢰했다. 그리고 이 과정에서 동의를 얻어 A씨 아들의 DNA도 채취해 비교 감정을 의뢰했다.

한편 차 형사와 형사2팀은 주변 증거들을 통해 사건을 재구성했다.

"부러진 방망이와 혈흔이면 바로 살인 사건 아닌가요?"

"물티슈가 있잖아요."

"물티슈요?"

"저희는 그 물티슈가 좀 이상하다고 생각했어요. 야구방망이도 사실 아이들이 쓰는 유아용이었고요. 감정이 격해진 가해자가 야구방망이로 A씨를 때린 후에, 아차 싶어 후회하고 물티슈로 상처를 닦아준 것은 아닐까, 하는 추리를 했었어요. 늦은 시각 술김에 A씨가 마을 입구에서 누군가와 마주쳐 시비가 붙었을 수도 있으니까요. 게다가 사건 현장은 CCTV는 없었지만 마을로 들어오는 길이어서 목격자가 있을 가능성도 상당했어요. 그러니 계획 살인 장소로는 적당하지가 않았습니다. 그리고 우연히 마주쳤다 해도 건장한 남자를 살인까지 할 만한 동기가 있었을까 싶기도 했고요."

맞다. 차 형사의 말을 들으니 혈흔과 흉기만으로 살인이라 확정 지을 수 없는 상황도 있을 것만 같았다.

"그래서 처음에는 살인보다는 다른 가능성을 염두에 두셨군요."

"네. 술김에 취객끼리 시비가 붙은 것 아닐까 싶었어요. 홧김에 폭행을 했고 그제야 정신을 차린 상대방이 물티슈로 A씨의 피를 닦아주고 병원 응급실로 데려가지 않았을까 싶었죠. 휴대폰도 그 상황에서 충전을 할 수 없어 꺼진 것일 수도 있었고요."

수사팀은 이 가능성을 믿고 서천군의 응급실이 있는 병원과 인근의 대형 병원도 모두 알아봤지만 A씨의 입원 기록은 없었다. 그렇다면 가능성은 이제 살인 쪽에 가까웠다. 그것도 범행 동기가 일반적이지 않을 가능성이 높았다.

3.

A씨의 가족들은 수사팀에게 1월 19일 밤부터 다음 날 새벽까지 함께 있던 사람이 있다고 알려주었다. 서천의

다른 동네에 거주하는 남성으로 A씨와 또래였다. 두 사람은 오랜 친구이자 함께 군산시의 댄스 학원에 다니는 춤 친구였다.

수사팀은 A씨의 친구 B씨를 일단 용의자로 생각하고 그를 찾았다.

"B씨는 실제로 1월 19일 밤에 A씨와 함께 있었나요?"

"네. 두 사람을 포함해서 남녀 네 명이 술을 마셨대요. 이후 대리 운전기사가 A씨 차를 운전해서 함께 타고 군산에서 서천으로 넘어와 금강하굿둑까지 갔다고 했죠. B씨는 그곳 주차장에 본인 차량을 세워둬서, 그 차를 타고 집으로 돌아갔다고 말했어요."

수사팀은 B씨를 더욱 의심했다. 그날 밤 A씨의 이동 동선을 알고 있는 사람은 B씨밖에 없었다. 이유는 알 수 없었지만 계획 살인이 가능한 유일한 사람인 것으로 보였다. 차를 몰고 집으로 돌아가는 척하다 A씨의 차량 뒤를 쫓아갔을 수도 있었다.

수사팀은 B씨의 말에 거짓이 없는지 그날 밤 강 하굿둑의 CCTV를 꼼꼼하게 분석했다. B씨와 헤어진 후 A씨는 자신의 차를 몰고 이동하기 시작했다.

"그때 예상하지 못했던 광경이 펼쳐졌어요."

"어떤 일이었죠?"

"차량 한 대가 이동하는 A씨 차량의 뒤를 쫓아가는데, B씨의 차량이 아니었어요. 처음 보는 스포티지 차량이 그 뒤를 따라갔죠."

"새로운 용의자를 찾았군요."

"네. 운이 좋았죠."

형사들은 가끔 어떤 사건의 중요한 반환점에서 '운이 좋다'는 표현을 쓰기도 했다.

나는 처음에 기사를 쓸 때 그 표현 그대로 '운이 좋다'고 썼다. 하지만 독자에게 항의 메일이 한 통 왔다. 형사들이 열심히 수사해서 범인을 찾아내는데, 운이 좋다는 식으로 쓰는 건 문제가 있다는 내용이었다. 눈앞에 독자분이 계시면 운이 좋은 걸 운이 좋다고 하는데 어쩌게요, 라고 말했을 것이다. 하지만 그럴 수는 없어서 그 뒤부터는 최대한 돌려서 쓴다. '갑작스럽게'라는 부사어로 대체하거나 '그동안의 노력을 보상하듯이'라는 등 행운의 이유를 달아주는 식으로.

하여튼 그날 A씨 차량의 뒤를 쫓은 낯선 차량은 동선이 괴상했다. 드라마에 나오는 미행 장면처럼 계속 A씨 차량의 뒤를 쫓았다. 조사 결과 의심스러운 차량의 차주는

30대 중반의 젊은 남성이었고 전북 군산에 거주했다.

"그 남성이 A씨와 어떤 연결 지점이 있었나요?"

"아니요. 다만 남성의 가족 사항을 조사했더니 그의 장인과 장모가 A씨의 거주지와 멀지 않은 곳에 살고 있었어요. 그리고 1월 19일에서 1월 20일 사이에 장모에게 차를 빌려줬다고 말했죠."

수사팀은 곧바로 30대 남성에게 장모인 C씨(여성, 50대 중반)를 만나고 싶다고 말했고, 1월 21일 오후 2시경 30대 남성의 집에서 C씨를 만났다.

"첫 인상이 어땠어요?"

"체격이 작고 내성적인, 평범한 그 나이 또래의 여성이었어요. 그날 남편과 부부 싸움을 해서 사위에게 차를 빌려 금강 인근으로 혼자 드라이브를 갔다고 작은 목소리로 말했어요."

수사팀은 C씨의 말에서 의심할 만한 부분을 찾아낼 수가 없었다. 더구나 그녀 역시 A씨와는 아무 연결점이 없었다.

"그런데 그날 밤 저희 팀의 다른 형사가 C씨가 거짓 증언을 한 증거를 찾아냈어요. 금강하굿둑 주차장 CCTV에서요."

그때까지 수사팀은 B씨에 대한 의심을 거두지 않았다. 그래서 주차장 CCTV를 유심히 살피는데, B씨의 차량 옆에 주차된 스포티지 차량이 있었다. 그 차량 뒷문으로 중년으로 보이는 한 남성이 내렸다. 그 남성은 가만히 서서 어딘가를 바라보고 있었다. 그곳은 바로 A씨의 차량이 향하는 쪽이었다.

차 형사는 C씨의 거짓말이 드러났지만, 뭔가 더 알 수 없는 미궁에 빠진 것 같다고 말했다.

"C씨가 거짓말을 한 이유를 알 수가 없었어요. 분명 C씨가 운전한 차에서 내린 남성과 관계가 있는 것 같긴 했지만요."

"A씨한테 평소에 원한이 있는 사람이 아니었을까요?"

"저희가 사전에 탐문 조사를 한 결과 A씨는 주변에 원한을 살 사람이 아니었어요. 그나마 저희가 상상할 수 있는 건 C씨가 불륜남과 함께 타서 거짓말을 했고, 그 불륜남이 A씨에게 원한을 가졌을 것이다, 라는 정도였죠."

1월 21일 저녁 8시경 수사팀과 공조 수사 중이었던 군산경찰서에서 연락이 왔다. 불에 탄 자동차 한 대를 군산시 회현면에서 발견했는데, 완전히 불타버려서 번호판 식별은 불가능한 상황이라는 연락이었다. 하지만 차종은 A씨가 운전한 차량과 동일한 '쏘렌토'였다.

"저희는 현장에 도착해서 그 차량이 A씨의 차량이란 것을 금방 확인했어요."

"불에 탄 차 안에서 신분증이라도 발견됐나요?"

"아니요. 차량 번호판이 불에 타 안쪽으로 푹 꺾여 들어갔죠. 하지만 자세히 살피니 숫자들은 식별할 수 있었고, 그 번호가 A씨의 차량과 동일했어요."

1월 22일 월요일 수사팀은 전날이 휴무라 조사하지 못한 군산시 경장동의 댄스 학원을 드디어 방문했다. 댄스 학원의 회원 명단을 확인하던 수사팀은 익숙한 남성의 이름을 발견했다. C씨의 남편인 D씨(남성, 50대 중반)였다. 부부는 도배 일을 하면서 살아가는 평범한 이들이었다.

"그렇다면 그 평범한 부부가 함께 A씨 살해를 공모했다는 건가요? 살인의 이유가 뭐죠?"

내 질문에 차 형사가 황당한 표정으로 답했다.

"악마라고 했어요."

"악마요?"

"A씨가 악마라는 거예요. 그래서 죽였다고 했죠."

4.

수사팀은 C씨와 D씨 부부를 탐문하고 그들이 A씨를 살해했을 가능성이 높다고 판단했다. 19일 밤 D씨는 계속해서 A씨에게 전화를 걸었고, 동시에 아내 C씨에게도 여러 차례 전화를 걸었다. 이유는 알 수 없지만 A씨를 살해하고, C씨와 공모하기 위한 전화 통화였을 것이다.

수사팀은 부부의 집을 찾아가면서 D씨가 범행을 부인할 경우를 대비해서 어떻게 질문을 이어갈지 미리 준비를 했다. 하지만 차 형사와 만난 D씨는 바로 범행을 인정했다.

"인정했어요?"

나는 좀 황당했다. 이렇게 쉽게 살인범이 범행을 인정하는 경우는 흔치 않았다.

"A씨를 마을 입구에서 살해하고 그의 차를 직접 운전해서 새만금지구의 농생명용지에 매장하고, 그다음에 4킬로미터를 이동해 피해자의 차를 불태웠다고 했죠."

"그 살인의 이유가, A씨가 악마라는 거예요?"

"네."

D씨는 A씨가 자신을 독살하려 했기에 어쩔 수 없었다고 했다. 그러면서 수사팀에게 직접 일기장까지 보여주었다. 일기장에는 이런 내용이 적혀 있었다. A씨가 술을 권

했고 그 술에 독이 들어 있었으며, 그 술을 마신 뒤부터 본인의 건강이 악화되고 죽어간다는 것이었다. 심지어 살인 사건으로부터 몇 시간 전인 1월 19일 밤에 D씨가 적어둔 메모도 있었다.

그 내용은 이러했다.

나는 더 이상 참지 못할 것 같다. 이 악마를 잡을 사람인 내가 악마가 되어야겠다.

수사팀은 곧바로 D씨를 싣고 피해자를 암매장한 곳으로 이동했다. 차 안에서도 D씨는 계속해서 A씨의 비밀이라며 이상한 상황들을 털어놓았다. 그가 악마여서 특별한 술을 가지고 있으며 그 술을 마신 사람은 시름시름 죽어가고 있고, 실은 자기만 독살하려 한 것이 아니라 많은 사람이 이미 죽었다는 것이었다. 그래서 살인을 절대 후회하지 않는다고도 했다.

나는 오컬트 마니아답게 귀신이나 유령, 조상신, 혹은 외계인의 존재를 믿는 것처럼 악마도 믿는 편이다. 하지만 이 사건에서 A씨가 악마일 가능성은 없어 보였다. 그 악마는 살인자가 만들어낸 망상 속에서 피어난 가상의 존재였고, 운이 없게도 A씨가 살인자의 눈에 가상의 악마로 보였을 따름이었다.

형사들은 D씨와 함께 새만금지구 농생명용지에 도착했다. 개발 중인 그곳은 회색빛 모래가 넓게 펼쳐진 허허벌판이었다. 날씨가 좋지 않아 모래바람이 심하게 불어 D씨도 매장 장소를 쉽게 찾지 못했다. 결국 한 시간 정도 수색 끝에 겨우 사체를 발견했다. D씨가 가리킨 곳을 90센티미터 가량 파내려 가자 시신이 나온 것이었다.

차 형사는 당시의 사체 사진을 보여주었다. 나는 처음에는 티 나지 않게 실눈을 뜨고 보다가 한참이나 그 사체 사진을 바라보았다. 나 역시 현장의 형사들과 마찬가지로 감정을 싣지 않고 사체 사진을 보는 버릇은 생겼다. 처음에는 실눈을 뜨지만 그래도 이성적인 판단의 잣대에서 사체의 상처와 형태 등을 살피게 된다. 어디를 어떻게 모자이크해야 문제가 없을지 판단도 하면서 말이다. 나만 그런 것이 아니라 『수사연구』에서 일하다 보면 기자들은 사건에 대해서는 종종 분노해도 사체에 대해서는 냉혈한이 되어간다.

그런데 그날은 감정적이지도 이성적이지도 않은 좀 이상한 관점에서 사체 사진을 보게 됐다. 사체는 부패의 흔적이 거의 없이 돌덩이처럼 굳어 있었다. 큰 몸에는 피가 말라붙은 셔츠와 재킷이 휘휘 감겨 있었다. 포즈 역시 허리를 구부리고 다리를 비틀고 팔을 들어 올린 역동적인 자세였다. 지금껏 한 번도 보지 못한 독특한 사체의 사진이었다. 심한 출혈이나 부패도 없이 움직임만 남아 있는 미라 같았다.

5.

수사팀의 추가 조사에 의하면 댄스 학원 회원들이 이 살인 사건의 범인이 누구인지 듣고는 모두들 놀랐다고 했다. A씨와 D씨는 겉보기에 친한 사이처럼 보였기 때문이었다. 하지만 D씨의 일기장에는 이런 구절이 있었다.

내가 아프지만, 참아야지. 내가 아프면 네가 눈치를 채겠지.

또 댄스 학원 회원 중 D씨의 말대로 몸이 점점 말라서 죽은 사람도 있었다. 하지만 그건 A씨가 비밀리에 먹였다는 악마의 독약 때문이 아니라 암 때문에 사망한 것이었다.

"그럼 D씨는 철저하게 몇 달 동안 계획해서 A씨를 살해한 건가요?"

"물론 계획은 했지만 결정적인 도화선은 따로 있었어요. 1월 19일 밤 댄스 학원 멤버들 술자리에 D씨가 잠깐 들렀대요. 그때 A씨가 D씨의 몸에서 노린내가 난다고 했대요. 그 말을 듣고 모욕을 당했다고 느껴서, 살인을 실행에 옮겼다고 했죠."

D씨는 아내에게 전화를 걸어 사위의 차량을 타고 와서 A씨의 차량을 감시하라고 전달했다. 그는 집에서 일기장에 '악마를 잡기 위해 악마가 되어야겠다'는 결심을 쓰고 다시 본인의 차량을 몰고 떠났다. 그런 다음 자신의 차량에서 야구방망이와 장도리를 꺼내 아내가 운전하는 차에 옮겨 실었다. 그러고 나서 아내가 운전하는 차에 옮겨 타 계속해서 A씨가 탄 차량의 뒤를 쫓았다. 금강하굿둑 주차장에 잠시 멈췄다가 집으로 돌아가는 A씨의 차를 쫓아 마을 입구에서 앞질러 가로막았다.

"D씨는 A씨를 보자마자 해독제를 내놓으라면서 화를 냈어요. 그 모습을 보고 A씨가 황당해하다가 결국에는 화를 내자, 갑자기 D씨가 점퍼에 숨겨놓은 유아용 야구방망이를 꺼내 피해자의 머리를 내리치기 시작했죠. 피해자가 팔로 막아 방망이가 부러지자, 그다음엔 망치를 꺼내 때렸다고 했어요."

"끔찍하네요. 피해자는 일단은 도망쳤나요?"

"네. 자신의 차 운전석으로 옮겨 갔는데 거기까지 쫓아가서 해독제를 내놓으라고 했다고 말했죠."

그 상황에서 피해자 A씨는 계속 미안하다고 잘못했다고 말했다. 아마도 무슨 일인지 모르지만 생명의 위협을 느끼는 상황에서 나온 긴박한 사과였을 것이다. 하지만 A씨가 악마라는 망상에 빠진 D씨에게는 그 말이 다르게 들렸다.

"D씨는 A씨가 독약을 먹인 사실을 인정하자 화가 치밀어, 정신없이 장도리로 그를 때렸다고 했어요. 그리고 피해자의 숨이 끊긴 후에는, 직접 A씨의 차를 운전해서 현장을 떠났죠."

"잠깐, 잠깐만요."

그 순간에 나는 현장에 있던 또 다른 증거가 떠올랐다. 바로 수사팀이 이 사건을 폭행 사건으로 오해하게 만든 피 묻은 물티슈였다. 가해자가 피해자의 상처를 닦아주었다고 생각한 그 물티슈.

"그 피 묻은 물티슈는 어떻게 해서 사건 현장 곳곳에 떨어졌던 거예요?"

"맞습니다. 물티슈 때문에 사건을 오해할 뻔했죠. 그 물티슈에 관해서도 D씨에게 물었는데, 얼굴에 피가 너무 튀어서 앞이 보이지 않았대요. 그래서 물티슈로 서둘러 닦아내고 길거리에 버렸다고 했죠."

이후 수사팀은 여러 명의 프로파일러를 불러 D씨와의 면담 자리를 마련했다. 프로파일러들은 D씨가 '망상장애-피해형'이 있다는 의견을 제시했다.

한편 D씨의 아내 C씨는 처음에는 남편을 돕지 않았다고 말하다가 증거가 드러나자 이번에는 살인 방조 혐의를 부인했다. 하지만 D씨에 의하면 아내가 자기가 흉기를 옮기는 것을 모두 보았다고 했다. 또 살인 사건이 일어나기 전 C씨가 조카에게 전화를 걸어 무슨 끔찍한 일이 일어날 것 같으니 도와달라고 요청한 사실도 드러났다. 모든 사실이 드러나자 C씨는 자신의 혐의를 인정했다. 결국 D씨는 살인, 사체 은닉, 일반 자동차 방화 혐의로, 아내 C씨는 살인 방조 및 사체 은닉 방조로 구속 송치했다.

"제가 취재한 사건 중에서도 예상치 못한 전개에 머릿속이 멍해지는 사건이네요."

"수사하는 저희 입장에서도 그랬어요. 처음에는 황당한 용의자가 나타나서, 그다음에는 살인을 자백한 살인범의 진술이 너무 이상하게 흘러가서 저희까지 기분이 혼란스러워지는 듯했죠."

후일 나는 차 형사와 또 다른 사건의 취재 때문에 다시 한번 재회하게 됐다.

그 사건은 앞서 기술한 사건보다 더 기괴하고 기묘했다. 이건 오컬트의 체취가 좀 더 진했다. 망상 살인 사건에 사기 사건과 가스라이팅, 여기에 샤머니즘까지 엮여 있었다. 그 사건에 대해서는 다음 책에서 더 상세히 밝힐 일이 있을 것이다.

6.

이삼재 선생님과 인터뷰를 하면서 이 사건을 떠올린 건 현장의 의도치 않은 눈속임에 대해 처음으로 생각했던 사건이었기 때문이다. 모든 사건 현장에 답이 있는 것은 확실하다. 하지만 어떤 현장은 정답이 아니라 형사들이 오답에 빠지도록 함정을 파놓은 것 같기도 하다. 내게는 이 사건이 그렇게 기억되는 경우 중 하나였다.

이삼재 선생님과 가벼운 워밍업 인터뷰를 끝내고 헤어질 때였다.

"그런데 편집장은 내가 혼자 살고 있는 걸 어떻게 알고, 즉석 국을 이렇게 많이 사왔어? 사전에 어디서 들었나?"

나는 말하기 전에 뜸을 들였다.

"설마요, 제가 사전에 증거를 수집한 것도 아니고요. 그냥 뭔가 그런 예감이 들었죠. 제가 촉이 좀 좋은 편입니다. 칠성줄이 있어서."

이삼재 선생님이 내 어깨를 가볍게 치면서 말했다.

"근데 참, 우리 박 편집장은 관상이 좋아. 사근사근 대하면서 뭔가 사람을 편안하게 해주는 거 같아."

선생님이 사체의 얼굴만 관찰하시는 게 아니라 살아 있는 사람의 관상도 보시는구나, 싶었다.

하지만 솔직히 말하면 나는 사근사근한 사람이라기보다 사근사근하게 보이도록 사기를 치는 사람에 가까웠다. 실제 성격은 사람을 별로 안 좋아하고 냉소적이며 삶에 대한 열정이나 에너지가 거의 없는 편이다. 다만 일로 사람을 잠깐 동안 대할 때만 굉장히 사근사근하고 친근해진다. 과거 회원제 피트니스 사우나에서 아르바이트를 하면서 배운 기술이다. 여기에 착해 보이는 관상도 한몫한다. 이런 종류의 사람은 사회성은 떨어지는데, 일시적인 기만의 기술로 사회성이 있고 인성이 좋아 보이기 때문에 조심해야 한다. 내가 다단계 업체가 아닌 『수사연구』에 취직한 게 너무나 다행이라고 생각한다. 실제로 대학 재학 중 뜬금없이 고등학교 동창에게 연락이 와서, 비슷한 업종에

발을 들일 뻔한 적이 있긴 했다. 다행히 사회성과 더불어 물욕까지 없는 편이어서, 큰돈을 벌 수 있다는 말에도 관심 없다며 달아났던 기억이 있다.

물론 형사들이나 이삼재 선생님 같은 분을 대할 때는 좀 다르다. 수사 관련 종사자 앞이라 속내를 들킬까 알아서 기는 건 아니다. 존경하고픈 마음이 드는 사람 앞에서는 항상 쉽게 마음이 열린다. 그때는 진심이다. 그러니 경찰들 앞에서 내가 웃고 있으면, 그건 가식이 아니라 진심으로 웃는 거다.

10장

그 남자의 살인 버킷리스트

오사카 신혼여행지에서 이제 막 성인이 된 아내가 자살한다. 아니, 남편이 우울증이 있던 아내가 직접 양쪽 팔에 니코틴 원액을 주사해 자살했다고 주장한다. 귀국한 남편은 아내의 보험금에 깊은 관심을 보인다. 보험사 직원도, 보험사 직원의 이야기를 들은 형사도 모두 남편이 살인을 저질렀다고 의심한다.

형사는 남편의 집을 압수수색한다. 그의 집에는 대형 책장이 있었다. 책장에는 추리소설이 가득할 뿐 아니라, 약물 살인과 관련한 전문 서적까지 있었다. 형사는 꼼꼼하게 책장을 살폈다. 남편의 비밀이 이 책장에 숨어 있을 것 같아서였다. 그리고 형사는 책장에서 남편이 2015년부터 작성해온 일기장을 찾아냈다. 일기장에는 그의 버킷리스트가 적혀 있었다. 10억 이상 벌기, 예쁘고 현명한 아내 얻기, 멋진 몸과 강인한 체력 얻기, 세계 여러 곳을 여행하기, 인터넷에서 유명해지기. 그리고 남편은 보험금으로 10억 이상을 벌기 위해 2016년 3월 30일부터 장래에 결혼할 아내에 대한 살인 계획을 일기장에 적고 있었다.

1.

『수사연구』에 사체 사진을 수록하는 이유는 자극적인 흥미 때문이 아니다. 『수사연구』의 시작은 형사들에게 제공하는 살인 사건 연구 교재의 개념이 컸다. 그런 이유로 형사들이 직접 사건 현장의 혈흔과 증거, 살인 사건 사망자의 상처에서 보이는 특징, 시간의 흐름에 따른 사체 변화, 사체의 혈액이 아래쪽으로 몰려 만들어지는 시반 형태 등에 대해 공부할 수 있도록 생생한 사체 사진과 사건 현장 사진을 수록했던 것이다. 보통 사건 현장 사진 여러 장과 다양한 각도에서 찍은 사체 사진 두세 장 정도를 수록했다. 그래서『수사연구』의 외부 유출이 더욱 엄격히 금지된 이유도 있었다.

하지만 이 사건의 경우 수록된 사체의 사진은 딱 한 장이었다. 사망자의 한쪽 팔을 클로즈업한 사진이었다. 병원 영안실에 누운 사체의 상태는 너무나 깨끗했다. 타살의 흔적은 사체의 양쪽 팔뚝 안쪽에 있는 작은 주삿바늘 자국 세 개가 전부였다.

아직 채 스무 살이 되지 않은 젊은 여성의 팔에 니코틴 원액을 주사해 살해한 사람은 그녀의 22세 남편이었다. 살인은 신혼여행지 오사카에서 일어났다. 이 살인의 이유는 원한이나 치정이 아니었다. 데이트 폭력도 아니었다. 살인자는 피해자를 가스라이팅 해 살인까지 몰고 가며 그저 자신의 버킷리스트를 완성해나갔을 뿐이었다.

2.

이 사건을 취재하기 위해 충남 세종경찰서의 유 형사를 만났다. 유 형사는 다부진 체격이었지만, 거구의 느낌은 아니었다. 오히려 시청이나 주민 센터에서 볼 수 있는 편안한 인상의 과장님 같은 느낌이었다. 가끔 보편적인 형사와는 미묘하게 다른 결의 인상을 지닌 형사들이 있다. 학교 체육 선생님 같은 인상, 목사님 같은 인상, 어딘지 이 세상을 초월한 도사 같은 인상, 그리고 유 형사처럼 소도시 시청 공무원 같은 인상의 형사들도 있다.

유 형사의 이력 역시 살인 사건보다는 지능범죄 사건 쪽이었다. 충남경찰청 광역수사대에서 근무하던 시절에 보험 사기를 해결해 특진한 전력이 있었다. 세종경찰서 지능팀 근무 때도 보험 사기로 30명을 입건해 네 명을 구속한 능력자였다. 이 사건 역시 안면이 있는 보험사 보상 센터 직원이 찾아오면서 시작됐다.

"해당 직원이 뭔가 수상한 보험 사기로 생각하고 찾아온 거군요?"

"맞아요. 이 사건 자체가 의심스러웠죠. A씨(남성, 20대 초반)와 B씨(여성, 10대 후반)는 신혼부부였는데, 남편 A씨가 갑자기 아내가 신혼여행지에서 사망했다고 주장했어요. 보험사 보상 센터 직원이 사망 경위에 대해 묻자 제대로 말을 못 하고 계속 진술을 회피하더라고요. 이상한 점은 그거 하나만이 아니었죠."

"또 어떤 점이 이상했대요?"

"보통 신혼여행 중에 아내가 사망했다고 생각해보세요. 어떤 감정일까요?"

신혼여행을 가본 적은 없지만 그 기분은 충분히 상상이 가능했다. 앞으로 남은 인생을 함께할 반려자와 떠난 여행에서, 반려자가 갑자기 죽었을 때의 상실감 탓에 나머지 생이 무너지는 기분일 것이었다. 하지만 A씨는 달랐다고 했다.

"해당 직원에 따르면 당시 남편의 목소리에서 조금의 슬픔도 느껴지지 않았다고 해요. 계속 보험금에만 관심을 보였을 뿐이죠. 하지만 여행 중 자살의 경우 보험금이 지급되지 않는다는 사실을 알게 되자, 실망한 기색이 역력했다고 했죠."

유 형사는 보상 센터 직원에게 A씨의 보험금 청구 내역 등의 자료를 확보했다. A씨는 2017년 4월 24일 오후 1시 5분경 '인천국제공항' 해당 보험사 인천공항 팀에서 여행자 보험을 들었다. 청약서에는 A씨 사망 시에 5억 원, 아내 B씨 사망 시에는 1억 5천만 원을 각각 상대방이 수령하도록 되어 있었다.

"자료만 봤을 때는 평범한 여행자 보험이어서 보험 사기의 가능성이 있어 보이지는 않네요?"

"저도 그런 생각이 들더라고요. 하지만 5월 10일 유족의 가족을 만나보고 타살의 가능성이 높다는 판단이 들었어요. 남편 A씨의 행동이 너무 수상했거든요."

놀랍게도 사망한 B씨의 어머니는 딸과 A씨가 결혼한 사실을 몰랐던 상태였다.

A씨는 고등학교 중퇴 후 한 유원지에서 작은 카페를 운영했다. 그는 2015년 7월 부모님의 식당에서 아르바이트를 하는 미성년자 B씨를 처음 만났고, 9월부터 본격적으로 사귀기 시작했다. A씨는 결혼을 원했지만 B씨의 어머니는 두 사람의 결혼을 반대해왔다. 결국 둘은 B씨가 만 19세 생일을 맞은 지 이틀 만인 4월 14일에 몰래 혼인신고를 해버렸다. 그리고 4월 24일 일본 오사카로 신혼여행을 떠났다가 아내 B씨가 사망한 것이었다.

"결혼 반대 때문에 부모 몰래 결혼한 점이 이상하긴 한데, 그것만으로 타살 혐의를 의심하기에는 부족하지 않나요?"

"아니, 그게 전부가 아니었어요. B씨가 사망한 것은 4월 25일 새벽 3시경이었는데, 가족에게 알린 시간은 오전 11시경이었죠. 게다가 B씨가 사망했다는 사실을 전화로 알린 것도 아니었어요. 문자 메시지로 알렸죠."

그때쯤부터는 나도 A씨의 행동이 좀 과하게 수상하다고 느끼기 시작했다.

"아니, 장인과 장모에게 아내의 사망 사실을 문자로 보냈다고요?"

"맞습니다. 국제 전화 요금이 비싸다면서요. 놀란 B씨의 언니가 다음 날 새벽 비행기로 오사카에 도착해서 A씨를 만났대요. 그런데 A씨의 태도가 너무나 예상 밖이었죠."

"슬픈 기색이 전혀 없었군요. 보상 센터 직원을 만났을 때처럼."

"그 정도가 아니었어요. 실실 웃으면서 친구와 약속이 있다면서 서둘러 자리를 떠났다는 겁니다."

사망한 B씨는 4월 26일 부검 후에 유족 동의하에 화장으로 장례를 치렀다.

"A씨는 B씨가 우울증으로 자살을 했다고 유족들에게 말했어요. 왼쪽 팔에 두 번, 오른쪽 팔에 한 번 니코틴 원액을 주사해서 스스로 목숨을 끊었다는 거죠. 하지만 제가 만난 B씨의 어머니는 딸이 우울증을 앓은 적도 없고, 자살할 이유 역시 전혀 없다며 억울해했습니다. 심지어 신혼여행에서 돌아오면 새 직장에 취업할 계획이었다고 했어요."

유 형사는 B씨의 가족만이 아니라 친구들까지 만나보았다. 누구도 B씨가 우울증을 앓았다는 말은 하지 않았다.

"그래도 미심쩍어 B씨의 병원 진료 기록을 살폈어요. 그랬다가 놀라운 사실을 알게 됐죠."

"우울증이 아니라 다른 진료 기록이 있었나요?"

"네, 두피가 찢어져 봉합한 치료 기록이 있었어요. 나중에 B씨의 지인들에게 물어보니, B씨가 A씨에게 스프레이 통으로 머리를 맞아 생긴 상처였고, B씨가 종종 A씨의 폭력에 시달렸다고 했어요."

유 형사는 B씨의 친구들에게 A씨에 대해 더 의심스러운 증언도 들었다. A씨가 B씨의 지인들에게 평소 A씨가 우울증을 앓았고 가족들에게 학대를 당했다고 소문을 내고 다녔다는 것이었다.

"그런데 거짓말이 B씨를 잘 아는 가족들이나 친구들에게 통할 리가 없잖아요? 오히려 그런 말을 들으면 A씨가 더 의심스러워 보이지 않을까요?"

"그렇죠. 하지만 이미 일본 경찰은 이 사건을 자살로 종결지었어요. A씨의 진술이 먹혔고, 사체에 몸싸움 흔적이나 상처가 없었으니까요."

유 형사는 입가에 희미한 미소를 지었다. 평범한 주민센터 과장님이 매서운 형사로 변하기 직전의 미소였다.

"하지만 저는 믿을 수 없었죠. 파헤치면 파헤칠수록 A씨가 의심스러웠으니까요."

나도 A씨에 대해 최소한의 정보만을 접했지만 그 말에

동의할 수밖에 없었다.

3.

유 형사는 A씨에 대한 참고인 조사를 시작했다.

"A씨가 겁을 먹지는 않았나요?"

"아니요. 자신감이 넘쳤어요. 외워온 원고를 말하는 것처럼 B씨의 우울증과 자살에 이른 경위에 대해서 떠들었죠."

A씨에 따르면, A씨와 B씨는 일본 오사카로 신혼여행을 떠나 어느 민박집에 묵었다고 했다. 그런데 4월 25일 새벽 욕실에 들어간 A씨가 시간이 지나도 나오지 않아 궁금하던 찰나에 쿵, 소리를 들었다고 했다.

"A씨가 욕실에 들어가니 바닥에 쓰러진 아내 B씨가 입에서 피를 흘리며 발작하고 있었대요. 옆에는 니코틴 원액과 주사기 두 대가 있었고요. 그는 112에 신고를 했는데, 독학으로 일본어를 배웠기 때문에, 일본 경찰에게 상황을 설명할 수 있었다고 했죠. 숙소 위치를 정확히 파악하려는 일본 경찰의 지시에 따라 근처 편의점으로 가서 아르바이트생에게 전화를 바꿔주었어요. 그 후 일본 경찰이 찾아왔다는 거예요."

유 형사는 A씨의 진술에 대해 설명하고는 빤히 나를 바라보았다.

"이 말에 거짓말이 숨어 있었죠."

"아, 그걸 어떻게 아셨어요?"

"일본 경찰은 112가 아니라 110으로 걸어야 하거든요. 그러니 경찰에 전화를 한 것도, 일본 경찰과 통화를 한 것도 모두 거짓말일 가능성이 높았던 거죠."

하지만 참고인 조사 당시 A씨는 스스로의 말에 취해 있는 것처럼 보였다. 형사를 속이고 있다는 자신감이 넘쳐 보였다.

"110 말고도 다른 의심할 만한 점은 뭐가 있었나요?"

"기자님, 생각해보세요. 우울증으로 자살하려는 사람이 굳이 어려운 방법으로 양쪽 팔에 주사를 놓을까요? 신혼여행을 떠나면서 주사기, 니코틴, 과산화수소를 한국에서 미리 준비해 갔다는 사실도 수상해 보였고요."

"오히려 아내를 살해하기 위해 A씨가 준비했을 가능성이 높았다?"

"그렇죠."

하지만 일단 유 형사는 A씨를 긴급체포하지는 않았다. 아직 일본에서 부검 결과를 통보받지 못했기 때문이다.

사체가 없는 상태였기 때문에 새로운 증거를 더 수집해야겠다고 생각했다.

또 A씨의 특성상 스스로 자만심에 가득 차서 자신이 형사를 완벽하게 속였다고 믿는 것 같았다. 그것도 형사 입장에서는 오히려 괜찮은 기회였다.

"보험 사기 수사 특유의 패턴이 있습니다."

"어떤 걸까요?"

"범인이 형사를 속여먹었다고 생각하면, 아무 생각 없이 범행의 증거를 흘리고 다니죠. 이 경우도 살인 사건이지만 보험 사기와 패턴이 비슷해서 그렇게 흘러갈 가능성도 있다고 봤어요. 다만 혹시나 A씨가 도주할까 싶어 출국 금지는 걸어놓았습니다."

4.

참고인 조사 이후 유 형사는 A씨의 행동을 예의주시했다. 그런데 A씨의 SNS에 글이 올라오기 시작했다. 바로 아내 B씨를 그리워하는 마음이 담긴 글이었다. 하지만 본인이 활동하는 다른 커뮤니티에서는 10대 여학생들 사진을 올려놓고 성희롱에 가까운 글을 게시하기도 했다.

"심지어 자신이 운영하는 카페 아르바이트생에게 접근

하기도 했어요. 죽은 아내 때문에 괴롭다면서, 죽은 아내와 닮아 마음이 간다는 식으로 추파를 던진 거죠."

수사팀은 일본의 사체 부검 감정서가 나오면 그 보고서를 인계해 A씨를 입건하고 압수영장을 받을 생각이었다. 하지만 부검 결과는 2017년 10월이 되도록 전달되지 않았다. 더 이상 기다릴 수 없다고 판단한 수사팀은 2017년 11월 A씨를 피의자로 전환해 입건하기로 했다.

"그동안의 탐문 결과 A씨가 일본 현지에서 피해자의 언니에게 보낸 문자 메시지 등을 토대로 압수수색영장을 받았어요. 그리고 11월 29일 압수수색 진행 전에 미리 작전을 짰죠."

"어떤 작전이었어요?"

"우발적 살인이 아닌 보험금을 노린 계획적 살인이라면 그의 주거지에 범행 계획을 세워놓은 일기장이나 메모지가 남아 있을 가능성이 높았어요. 그걸 확보해야 이 사건의 실마리가 풀릴 수 있었죠."

나는 고개를 끄덕였다.

"당연히 그걸 확보했으니, 범인을 체포하셨겠죠."

"예상보다 더 많은 걸 확보할 수 있었죠."

A씨의 집 거실에는 대형 책장이 있었다. 책장에는 책들

이 가득했는데 대부분이 범죄와 관련한 책들이었다. 추리소설만이 아니라 수사 전문 서적도 많았고, 그중에는 약물 살인과 관련된 전문 서적까지 있었다. 수사팀은 세 시간 가까이 책장을 살펴보았다.

"추리소설을 읽다 보면 범죄자의 책장에는 비밀이 있죠. 책 사이에 비밀을 적은 메모지 같은 걸 껴놓는다거나……. 그래서 책갈피 사이사이를 꼼꼼히 살펴봤죠. 그리고 실제로 책장에서 저희가 찾던 증거 자료가 나왔어요."

"살인 계획의 메모가 담겨 있었나요?"

"네. 2015년부터 작성해온 A씨의 일기장이 책장에 있었어요. 거기에 많은 계획들이 적혀 있었죠."

유 형사는 A씨가 일기장에 적은 버킷리스트를 읽어보았다. 10억 이상 벌기, 예쁘고 현명한 아내 얻기, 멋진 몸과 강인한 체력 얻기, 세계 여러 곳을 여행하기, 인터넷에서 유명해지기. 평범한 20대 남성이라면 누구나 쓸 만한 버킷리스트였다. 하지만 그가 10억 이상을 벌기 위해 선택한 방법은 평범하지 않았다.

A씨의 일기장에는 정확히 2016년 3월 30일부터 B씨에 대한 살인 계획을 세우고 있었다는 사실이 적혀 있었다.

곧 오사카로 여행을 갈 생각이고 그녀를 칼로 찌를 예정이다.

수사팀은 A씨의 일기장, 메모지, 데스크톱, 휴대폰 등을 증거물로 확보했다. 그리고 유 형사는 이 증거 자료에서 A씨의 살인 계획을 찾아냈다.

가장 상세한 살인 계획 증거 자료는 휴대폰 메모장이었다. A씨의 휴대폰 메모장에는 니코틴 원액 살인 방법을 치밀하게 적어놓은 내용이 남아 있었다. 또 사건 발생 이틀 전 일기장에도 꼼꼼하게 범행 계획을 기록해놓았다.

"A씨는 신혼여행지에서 영양제를 놔준다면서 니코틴 원액을 주사하려는 계획을 세워놓았어요. 평소에도 몸이 피곤하면 서로 영양제를 주사로 놔주었나 보더라고요."

"그런 이유로 피해자가 아무런 저항 없이 주사를 맞았군요."

보험금을 위해 2년 가까이 사귄 사람을 신혼여행지에서 살해한 그를 이해할 사람은 아무도 없을 것이었다. 그런 남편을 믿고 묵묵히 니코틴 주사를 맞은 피해자가 너무 안타까웠다. 그런 인연, 그런 죽음이라니 너무나 끔찍하고 참혹하게 여겨졌다.

"일기장에는 아내의 죽음 이후에 작성한 글도 있었어

요."

"후회하는 내용은 아니었을 것 같네요."

"후회하는 내용이었죠. 5억 원을 벌 수 있었는데, 자신이 수령할 보험금을 1억 5천만 원으로 기재하는 바람에 큰돈을 벌 기회를 놓쳤다고 적었으니까요. 그 뒤에는 1억 5천만 원이라도 벌 수 있어 다행이라는 글귀가 남아 있었죠."

물론 그는 여행자 보험의 규정을 완전히 파악하지는 못했다. 그래서 자살로는 보험금이 나오지 않는다는 사실을 당시에는 몰랐다.

한편 디지털 포렌식 결과 그의 휴대폰에서 추가로 증거 자료가 나왔다. 살인 관련 책자를 탐독하고 일부 인용한 내용들이었다. 또 본인의 살인 계획을 직접 음성으로 녹음한 파일까지 있었다. 그리고 사건과 관련된 중요한 전화 통화 내역도 찾아냈다.

5.

A씨의 일기장에는 C씨(여성, 20대 초반)에게 니코틴 원액을 건네받겠다는 내용이 적혀 있었다. 그리고 디지털 포렌식 결과, 일기장에 그 글귀를 적은 전후로 실제 C씨

와 자주 통화한 내역이 확인됐다.

"C씨가 공범이었나요?"

"저희도 처음에 그렇게 생각했지만, 보험 서류를 보고 또 다른 피해자일 수도 있겠다고 봤어요. 두 사람은 고등학교 동창인데, 2016년 겨울에 함께 오사카로 여행을 갔습니다. 그때도 A씨가 C씨의 여행자 보험을 들었는데, 사망 보험금 수령인이 A씨였죠. 저희는 C씨를 찾아갔는데 물론 그 사실을 C씨는 전혀 모르고 있었습니다."

"두 사람은 고교 시절부터 친분이 있었나요?"

"아니, 우연히 만났죠. 졸업 후에 아산 시내에서. 그 후에 A씨가 C씨의 일본 여행 사진을 페이스북에서 보고, 함께 일본에 가자고 했어요. 자신이 일본 유학을 계획 중인데, 한번 여행을 가보고 싶다, 그러면서 가이드를 해달라고 했죠. 대신 여행 비용을 전액 부담해주겠다고 했다는 거예요. 근데 A씨가 이상한 부탁을 하더랍니다."

"이상한 부탁이요?"

A씨의 이상한 부탁은 역시 니코틴에 대한 것이었다. 그는 전자 담배에 들어가는 니코틴을 직접 제조하겠다며, 중국 사이트를 통해 퓨어 니코틴 두 병을 주문해달라고 한 것이다.

"그럼, 그 니코틴이 범행에 쓰인 건가요?"

"그렇죠. C씨도 그 사실을 알고서 마음 아파했죠. 그러면서 본인이 A씨와의 일본 여행 중에 겪은 이상한 일에 대해서도 말해줬어요."

일본 여행 중에 C씨는 A씨에게 숙취 해소제를 건네받고 한 모금 마셨다가 입이 타는 듯해 그대로 뱉고 말았다. 그리고 약병에 코를 대고 숙취 해소제의 냄새를 맡았다.

"거기서 암모니아 비슷한 냄새가 났대요."

"암모니아 냄새요?"

"니코틴을 상온에 보관하면 암모니아 냄새가 납니다."

그 뒤 C씨는 다리에 힘이 풀리고 온몸이 욱신거리는 고통을 느끼면서 잠을 설쳤다고 말했다.

6.

2018년 1월 19일 A씨의 1회 피의자 신문이 있었다. 그는 당당함을 넘어 아버지뻘 되는 형사들에게 반말까지 하는 태도를 보였다.

"일기장에 적은 글귀에 대해서는, 살인 계획은 했지만 실행은 하지 않았다고 잡아뗐어요. 그러면서 계속 피해자의 자살을 주장했죠. 처음부터 순순히 자백할 거란 기대는 하지 않았어요. 그래서 기초 조사만 끝내고 시간이 늦어서 돌려보냈죠."

"처음부터 겁에 질려 자백할 범인이라면 이런 황당한 버킷리스트를 실행에 옮기지도 않았겠죠."

유 형사가 갑자기 뭔가가 생각난 듯이 말했다.

"아, A씨한테 조사를 끝내겠다고 하니 갑자기 웃으면서 밤샘 조사를 받겠다는 거예요. 경찰의 밤샘 조사를 받는 것도 자기의 버킷리스트라면서요."

유 형사는 A씨를 집으로 귀가시켰다. 이후 3회에 걸쳐 출석을 요구했지만 그는 계속해서 불응했다.

그사이 수사팀은 충남청, 서울청, 인천청, 울산청 소속 네 명의 프로파일러에게 A씨와 피해자의 심리 분석을 의뢰했다.

"예상대로 프로파일러들은 B씨가 자살할 이유가 없고, A씨의 타살 혐의가 짙다는 의견을 보냈어요."

A씨는 유영철, 강호순 같은 연쇄살인범보다 사이코패스 지수가 1점 정도 낮았다. 하지만 '어금니아빠'로 알려진 이영학보다는 오히려 1점 높게 나왔다.

한편 수사팀은 일본 측의 부검 자료를 확보하기 위해 아이디어를 냈다. 12월 5일 대전지검에 국제형사사법공조 신청을 의뢰해서 검찰청, 법무부, 외교부, 일본 의무성, 일본 법무성, 일본 검찰, 일본 경찰을 거쳐 역순으로 겨우 서류를 회신받았다.

"일본도 국제공조가 쉽지 않나 보네요. 전 중국만 그런 줄 알았더니."

"네. 일본 측 경찰이 형사사법공조에 비협조적인 걸로 유명하다더라고요. 사실 강제성을 가지고 도와줄 의무가 있는 건 아니니까요."

부검 감정은 유 형사가 예상한 그대로였다. 체내 혈액과 위 내용물과 세 곳의 주사흔 등에서 검출된 니코틴 농도가 치사 농도에 이른다는 소견이었다. 니코틴 중독으로 인한 사망이 극히 드문 사례라 증상이 어떤지는 기록이 없지만, 니코틴 중독이 되면 서맥, 혈압 상승, 의식 저하, 발작, 마비, 호흡 정지 등 신경독 계통 증상이 일어날 수 있다는 소견도 적혀 있었다.

수사팀은 해당 부검서를 통해 국내 교수에게 부검서 감정을 요구했다.

"피해자의 팔에 3개소의 주사흔이 있다고 했잖아요."

"네. 그 부분이 저도 궁금했어요. 이게 타살이 아니라 자살이라 하더라도 한 사람이 본인의 몸에 세 번이나 니코틴을 주사할 수 있나 싶었거든요."

"국내 법의학자에 따르면 모든 주사흔에서 니코틴 원액이 검출됐기 때문에 1회 주사 시에 이미 독성이 나타났을 거라고 하더라고요. 또 먼저 주사한 왼팔 2회 분만으로도 니코틴 수치가 사망에 이를 정도라고 판단했죠. 결국 혼자 단독으로 3회를 정맥 주사하는 것은 불가능하다는 입장이 나왔습니다."

출석에 불응하던 A씨는 이후 변호사를 대동하고 나타났다. A씨는 C씨에게 니코틴 원액을 탄 음료를 준 것은 인정했다. 살해 시도는 아니었고 니코틴 원액을 마신 후의 반응이 궁금해서 호기심에 벌인 일이라는 것이었다.

하지만 B씨의 살인 혐의는 계속 부인했다. 그러면서 자신만의 논리를 또다시 반복했다.

"그런 사람은 아무리 말해도 답이 없죠."

"맞습니다. 자기 논리에 갇혀 있는데 그 논리가 얼마나 허술한지는 모르더라고요."

유 형사는 변호사 측과 대화를 나누는 방법을 택했다. 수사팀의 증거 자료를 변호사에게 보여주자, 변호사는 이내 A씨의 가족들을 설득했다.

하지만 A씨는 끝까지 범행을 부인했다. 하지만 말은 바줬다.

"피해자 B씨가 니코틴을 주사하려고 왼쪽 팔에 주사기를 두 번에 걸쳐 꽂았는데 혈관을 못 찾았다고 했어요. 그래서 자신에게 도움을 요청했다고 했죠. 그래서 피해자의 우측 팔 혈관에 카테터를 통해 주사기를 연결해주었다는 겁니다. B씨가 피스톤을 직접 눌렀기에, 자신의 죄는 살인방조죄라고 주장하기 시작했어요."

수사팀은 3월 20일 A씨를 긴급체포하고 구속영장을 신청했다. A씨는 재판에서 무기징역형을 받았다.

7.

『수사연구』 취재 기자를 하면서 주변인들에게 취재 자료로 받은 사체 사진 중에 어떤 사진이 가장 무서웠느냐는 질문을 받을 때가 있다. 나를 가장 깜짝 놀라게 했던 사체 사진은 역시 취재 초반기에 보았던 갱티고개 미제 살인 사건의 피해자였다. 그 사건의 담당 형사가 마치 피의자에게 하듯이 나에게 갑자기 피투성이 사체 사진을 보여주는 바람에 심장이 쿵 내려앉는 줄 알았다. 내가 취재한 사건은 아니지만 과거 90년대 『수사연구』를 살펴보다 구역질이 날 뻔한 사진도 한 장 있었다. 앞서 언급한 이삼재 선생님의 원고였는데, 아파트 화단으로 떨어진 사체였다. 잘린 머리와 몸통이 화단에 따로 떨어져 있었다. 그 사진을 보는 순간 속에서 욕지기가 치밀었다.

하지만 가장 무서우면서도 가슴 아픈 것은 이 니코틴 살인 사건의 사체 사진이었다. 잡지에 수록한 사체 사진은 주삿바늘 자국이 있는 팔을 클로즈업한 사진 한 장이었다. 하지만 취재 과정에서 나는 영안실에 누워 있던 피해자의 전신 사진을 보았다. 상처 하나 없는 젊은 여성이 눈을 뜬 채 맨몸으로 누워 있었다. 살짝 감긴 듯한 눈꺼풀 아래 보이는 힘없는 눈동자만이, 이 사람이 사망했다는 사실을 알려주는 증거처럼 보였다.

그동안 취재 과정에서 내가 본 사체 사진은 이미 상처가 깊거나, 잘려나가거나, 불타거나, 부패된 형태였다. 그랬기에 피해자의 비극과 사체를 분리해서 보는 게 가능했지 싶다. 안타까운 마음으로 사체 사진을 보는 것이 아니라 사체의 상처에 따른 흉기 사용 예측, 사체의 상태에 따른 부패 정도 등을 객관적으로 살펴보곤 했다. 하지만 이 경우는 그게 아니었다. 나는 방금 전까지 살아 있던 사람과 마주 보는 기분이 들었다. 그리고 이제 막 성인이 된 그녀가 끔찍한 악연에 엮여 불행한 죽음을 겪은 사실까지 알게 되었다. 그 순간 한 장의 사진을 통해 누군가의 불행한 죽음이 감정적으로 내게 다가왔다. 냉혈한에 가까운 나였지만 마음이 무겁고 아팠다. 또 억울한 죽음의 현장을 온몸으로 체험해야 하는 강력팀 형사들의 마음이 어떤 것일지 심정적으로 미약하게나마 짐작할 수 있었다.

# 11장

재테크냐, 베팅이냐, 사기냐

은퇴한 남성들은 '마지막 부의 법칙'을 다시 배우고자 노력한다. 지금 보유한 자산만으로는 노년의 삶이 어찌 될지 불안하기 때문이다. 인터넷 카페 '재테크의 법칙'은 이런 중장년의 남자들을 끌어당기는 곳이었다. 이곳에서는 재테크, 특히 주식 투자에 대한 수준 높은 정보를 얻을 수가 있었다. 카페의 운영자들은 투자자문사 대표 등 이력이 화려한 주식 전문가들이었다. 아직 유튜브의 수많은 증시투자 채널들이 은퇴한 중장년 남성들을 빨아들이기 전인 2017년의 일이다.

　하지만 '재테크의 법칙'은 2025년의 가짜 리딩 투자 사이트처럼 피해자들을 피싱으로 유도하기에는 기술이 부족했다. 카페 운영자들은 피해자들을 베팅 사이트로 이끌었다. 세계 각국 증시에 투자하는 사이트였지만, 실제로는 인터넷 도박 사이트를 개조한 것에 불과했다. 하지만 피해자들은 해외 증시에 투자한다는 장밋빛 환상에 젖어 범인들이 개조한 인터넷 도박 사이트의 사기에 속고 말았다. 당연히 수사팀이 찾아낸 이 카페의 운영자들은 주식 전문가들이 아니었다.

1.

2017년 『수사연구』 기자로 일하면서부터 지금까지 가장 많이 취재한 사건이 사이버 범죄다. 최근의 사이버 범죄는 피싱 사기를 제외하면 대부분 투자 사기 계열이다. 사이버 범죄를 통한 투자 사기는 가짜 코인, 가짜 주식 투자 리딩 사이트 등 점점 다양하고 교묘해지고 있다. 이들은 투자자의 눈을 속이기 위해 그럴싸한 방어막을 만들어 놓는다. 더구나 사이버 세계는 현실 세계보다 가상현실을 만들기가 훨씬 수월하다. 마치 요술의 집처럼, 로그인 중에는 사기단들이 만들어놓은 세계가 너무나 그럴듯해 보이기 때문이다. 게다가 사기범들은 계속해서 투자자들에게 카카오톡 등으로 투자 정보에 관한 메시지를 보내며 친분을 쌓아간다. 투자자들은 점점 값이 오르는 주식과 상장 직전의 새로운 코인을 보면서 장밋빛 환상에 젖어간다. 하지만 정점의 순간에 그들을 그 세계로 끌어들인 사기단은 사라진다. 그때에 이르러서야 투자자는 장밋빛 환상에서 로그아웃되고, 사이버 세상이 아닌 현실에서 싸늘한 고통을 느끼고 경찰서를 찾는다.

『수사연구』 기자를 하면서 이처럼 수많은 사이버 투자 사기를 봐서인지 직업병 같은 것이 생겼다. 투자에 대해서도 겁쟁이가 됐다. 모든 투자가 다 사기로 보이다 보니, 앞으로도 나의 재산 증식은 그리 쉽지 않을 것 같다. 사주에 재성이 약해서 돈 만지는 일이나 투자는 조심해야 한다고 들었는데, 투자 사기 범죄에 관해서는 눈이 밝아졌지만 정작 투자에는 눈이 어두워진 셈이다.

내가 2018년 여름 부산경찰청 사이버수사대에서 수사한 이 사건은 초창기 사이버 투자 사기 사건으로, 사기 수단이 좀 독특한 편이었다. 투자 사기와 도박 사이트를 결합한 방식이었다.

2.

이 사건의 시작은 2017년 11월 15일 부산에 거주하는

A씨(남성, 60대)가 관할 경찰서에 진정서를 접수하면서 시작됐다. 그는 주식 투자 베팅 사이트에 2억 원 넘는 돈을 썼다. 인터넷 카페와 도박 사이트를 활용한 일종의 투자 사기 사건에 얽힌 것이었다.

경찰청 집중 수사 방침에 따라 이 사건은 부산경찰청 사이버수사대 1팀에 배당됐다. 이 팀의 윤 형사는 A씨를 만나 사기의 경위에 대해 들었다. 그리고 사건 종결 후 나는 윤 형사를 만나서 이 사건의 수사 과정에 대해 듣게 됐다.

수사팀의 팀장 윤 형사는 깡마른 얼굴에 안경을 쓴 이과생과 인생을 초월한 스님, 그리고 날씬한 시절의 스티브 잡스가 합쳐진 듯한 분위기의 형사였다. 형사로서 흔한 이미지는 아니지만, 사이버수사팀에서는 이런 분위기의 형사들을 몇 번 만나기는 했다.

"모든 사달은 A씨가 재테크 정보를 알려주는 투자 전문 인터넷 카페 '재테크의 법칙'에 가입하면서부터 시작됐어요."

"피싱 문자 같은 걸 받은 건가요?"

"아니요. 피해자는 주식 관련 정보를 포털에서 검색하다가 해당 카페를 발견했어요."

이 카페는 포털에서 우수 카페로 인정받은 공신력 있

는 커뮤니티였다. 심지어 후기 글은 칭찬 일색에 정모 후기 사진도 메인 화면에 올라와 있었다. 카페 운영진 역시 화려했다. 투자자문사 대표나 실전 투자 경력 5년 이상에 수차례 시황 강연회를 개최한 인물들이었다. 이들은 추천 종목 적중률 97퍼센트, 시황 90퍼센트를 자랑한다고 올려놓았다.

"A씨는 '재테크의 법칙'에서 도움을 얻어보고자 카페에 가입했어요. 그러자 '킹두부'(가칭)란 닉네임을 쓰는 운영자가 A씨에게 카카오톡 메시지를 보내왔죠."

"'재테크의 법칙'이란 카페니까, 운영자는 프로필 사진으로 부를 자랑하는 마세라티 사진 같은 걸 올려놓은 건가요?"

"아니요. 프로필 사진은 아이를 안고 있는 한 여성의 사진이었어요. 킹두부는 아내 사진을 프로필로 쓰고 있었죠."

A씨는 카페 운영자 킹두부와 가까워졌다. 킹두부는 친절하게 재테크 정보를 알려주다가 '떡밥'을 던졌다. 나는 윤 형사에게 그 떡밥에 대해 듣자마자 놀라움에 고개를 끄덕였다.

"그 떡밥이 이 사건의 중심이군요."

해당 카페는 최근 몇 년간 성행했던 가짜 리딩 투자 사이트처럼 조직들이 운영하는 주식 투자 사이트에서 가짜로 증권을 거래하는 프로그램을 가동시킨 것이 아니었다. 이들은 겉보기에는 우수한 투자 커뮤니티를 발판 삼아 피해자들을 다른 사이트에 접속시켰다.

그 사이트가 바로 주식 베팅 사이트였다. 베팅 사이트에는 세계 각국의 증시를 올려놓고 투자자는 증시의 등락에 따라 돈을 거는 방식이었다.

"그거 스포츠 토토랑 다를 바가 없잖아요?"

"네, 다르지 않죠. 다만 스포츠 팀이 아니라 대만 가권, 일본 닛케이, 홍콩 항셍, 한국 코스피, 코스닥 등의 증시 지표에 돈을 베팅하는 식이죠."

A씨가 베팅을 위해 사이트에 등록된 계좌로 돈을 입금하자 '충전하기' 창에 송금 금액이 떴고 바로 베팅이 가능했다. 마치 청기백기 게임을 하는 것처럼 국제 증시 중 한 곳을 골라 증시가 오르느냐, 내리느냐를 선택해 돈을 걸었다.

"처음에 킹두부는 A씨에게 추천 종목을 알려줬어요. 그 종목에 돈을 베팅했더니 수익이 짭짤했죠. 이후 A씨는 킹두부의 말대로 베팅을 이어갔어요."

"피해자는 실제 주식 투자보다 더 손쉽다고 생각했을 수도 있겠네요."

"그렇죠. 게다가 킹두부의 말대로 하면 계속 수익이 나니까, 본인 머니로그 창에 뜬 수익금을 볼 때마다 마음이 뿌듯했대요. 거의 열흘 정도의 기간 동안 2억 원을 베팅해서 수익을 올렸죠. 그런데 베팅 금액이 2억 원이 넘는 순간 연락이 끊겼어요."

"킹두부랑요?"

"네. 그러고서 잠적해버렸죠. A씨는 그제야 이 베팅 사이트가 사기에 불과하고 노후 자금으로 관리한 돈을 모두 잃어버렸다는 걸 깨달았죠."

A씨는 킹두부에게 연락을 하려 했지만, 이미 대포폰은 사용이 중지된 상태였다.

윤 형사는 A씨와 대화를 나누면서 마음이 너무 아팠다고 말했다.

"A씨는 저희 아버지 연배의 분이셨어요. 그런 분이 제 앞에서 망연자실한 표정으로 사기를 당한 이야기를 하고 있는 걸 보고 있자니 슬프기도 하고 범인들에게 화도 났죠. 당연히 모든 사건을 열심히 하는 게 맞지만, 이 사건의 범인들을 꼭 잡아야겠다는 생각이 들었어요."

윤 형사는 A씨를 통해 킹두부와 카카오톡 메시지를 교환한 휴대폰을 받고 카페 주소, 증시 베팅 사기 사이트 주소를 파악했다. 또 A씨가 베팅액을 입금한 계좌번호도 입수했다.

3.

수사팀은 계좌 분석을 통해 이 사건의 피해 금액이 상당하다는 것을 알아냈다. 또한 증시 베팅 사기 사이트의 방식이 도박 사이트와 비슷했으며, 베팅금을 환전해주는 수법도 도박 사이트의 운영자들과 똑같았다.

"과거 도박 사이트 사건을 수사했기 때문에 아마 범인들이 도박 사이트를 통해 편취금을 세탁했을 거란 판단이 들었어요. 실제로 추적 결과 범인들이 한 도박 사이트를 통해 편취금을 세탁한 것을 알아냈죠."

일단 도박 사이트에서 거액의 돈을 송금하고 소액의 돈으로 베팅한 후 나머지 잔금을 환전하는 식의 세탁 방법이었다.

"그런데 이런 식으로 인터넷 재테크 카페를 이용한 투자 사기가 여기 하나뿐이었나요?"

"계좌 추적을 하면서 동시에 대형 포털의 또 다른 가짜 재테크 카페가 있는지 서치했어요. 그 결과 저희 측에서 동일한 방식의 카페인 '엘리트 재테크'를 발견했어요. 또 피해자인 A씨도 유사 카페 '개미 멀티 재테크'를 찾아내 저희에게 제보해줬죠."

이후 A씨의 활약이 돋보였다. A씨가 해당 카페에 가입하자, 이번에도 어김없이 운영자 '김삿갓'(가칭)이 카카오톡 메시지를 보내며 친근하게 접근했다. 당연히 A씨는 이번에는 속지 않고 오히려 수사팀에게 김삿갓의 연락처를 제보했다.

수사팀은 통신 조회를 통해 운영자 김삿갓이 부천시 원종동과 도당동 일대에서 움직이는 것을 확인했다.

"그런데 그 동네가 저희한테 익숙한 곳이더군요."

"혹시…… 이전 사건과 동일범이었나요?"

"동일범의 가능성도 있었죠. 저희가 수사한 증시 베팅 사기 사이트 관련자들이 도박 사이트를 통해 환전했다고 했잖아요."

"그렇죠."

"도박 사이트에서 큰돈을 환전한 인물이 있었어요. B씨는 본인의 실명으로 돈을 환전했기에, 그의 주소지를 확인할 수 있었는데, 그곳이 바로 부천시 원종동과 도당동

일대였죠."

"B씨가 김삿갓이거나 아니면 최소 김삿갓과 한패일 가능성이 높았군요."

"그렇죠. 그리고 B씨를 포함해서 몇 명이 도박 사이트를 통해 환전했어요. 그 금액을 합쳐보니, 2억 원으로 A씨가 피해를 입은 금액과 동일했죠."

하지만 윤 형사는 그때까지 B씨를 포함한 다른 인물들이 사기의 주범은 아닐 거라고 봤다. B씨의 신원을 확인한 결과 26세로 드러났고, 이렇게 커다란 사기를 치기에는 너무 어린 나이라고 생각했기 때문이다. 더구나 해당 카페가 가짜 재테크 카페라고 해도 재테크에 대한 정보는 허술해 보이지 않았다.

"일단 이 여섯 명에 대한 통신영장을 받았어요. 그리고 이들의 통화 내역, 카카오톡 메시지 등을 확인했죠. 그랬더니 놀랍게도 다들 부천시 일대에 거주하고 있더라고요. 그리고 저장된 카카오톡 단톡방 내용 등을 확인했더니 다들 주식 투자, 가상 화폐 투자 단톡방에 가입해 활동하고 있었어요. 어린 나이지만 당연히 해당 투자에 대해 지식이 많을 수밖에 없겠더라고요."

수사팀은 계좌 조회 등을 통해 또 다른 피해자 두 명도 찾아냈다. 이들 중 한 명이 3억 원이 넘는 금액을 주식 베팅 사기 사이트에 입금했던 상황이었다.

4.

수사팀은 이들 여섯 명 중에서 다른 계좌를 통해서도 이 사건과 연관이 깊어 보이는, B씨를 포함한 26세 동갑내기 다섯 명에 대한 압수영장 및 체포영장을 신청했다.

2018년 2월 21일 체포영장을 발부받은 수사팀은 일단 부산에서 부천시로 올라갔다.

"부천으로 올라가면서 저희끼리 했던 이야기가 있어요."

"범인들에 대한 것이겠죠?"

"네. 과연 이 다섯 명이 주범일까? 진짜 이 젊은 애들이 사기를 다 설계했을까, 아니면 그 위에 또 다른 브레인이 있을까, 이런 대화를 나누었죠. 왜냐면 가짜 재테크 카페 게시 글을 보면 감탄이 나올 때가 있어요. 아무것도 모른 채 카페 운영진이 쓴 게시 글을 읽으면, 진짜 투자 전문가가 쓴 글처럼 보였거든요."

수사팀은 2월 21일 이들의 주거지를 확인하고, 일단 B씨부터 체포하기로 결정했다. B씨의 집 초인종을 몇 차례 누르자 잠시 후 머리에 까치집을 인 B씨가 수면바지 차림으로 나타났다.

"20대 중반이었지만 햇병아리 같은 모습이었죠. 저희가 영장을 보여주자, 얼빠진 표정으로 저희를 바라봤어요."

윤 형사는 나에게 체포영장 집행 당시의 영상을 보여주었다. 거실에서 마주 앉은 두 사람. 윤 형사의 질문에 B씨는 소파에 앉은 채 넋이 나간 말투로 몇 마디 응답을 했다. 하지만 영상은 굉장히 시끄러웠다. 반려견 치와와가 소파 여기저기를 뛰어다니면서 짖어댔다.

윤 형사가 B씨에게 사건에 대해 묻는 동안 다른 형사들은 B씨의 작업실로 보이는 방 안을 수색했다. 형사들의 눈에 컴퓨터에 꽂힌 USB가 눈에 들어왔다. 그 안에 가짜 재테크 카페를 만든 범행 자료들이 모두 들어 있었다. 이들이 단순 인출책이 아닌 처음부터 이 사기 행각을 기획하고 범행을 벌인 이들이라는 사실이 명확해지는 순간이었다.

이후 수사팀은 다른 범인들도 체포했다. 두 번째 범인 C씨(남성, 20대 중반)는 여자 친구와 한 침대에 누워 낮잠을 자다가 체포됐다. 실시간 위치 추적을 해보니 나머지 셋은 주거지에서 나와 도주 중이었다. 알고 보니 수사팀이 떠난 후 두 번째 범인의 여자 친구가 페이스북 메신저를 통해 피의자 중 한 명에게 연락을 한 것이었다.

그런데 달아난 세 명 중 한 명인 D씨(남성, 20대 중반)가 다시 주거지로 되돌아왔다. 그는 형사들의 전화가 걸려오지 않자 자신은 들키지 않은 거라고 순진하게 착각한 것이었다. 수사팀은 주거지 주변에서 잠복하고 있다가 곧바로 체포했다. D씨는 바로 피해자 A씨에게 2억 원을 뜯어낸 킹두부였다.

5.

수사팀은 일단 세 명의 피의자만을 부산으로 호송했다. 수사팀은 B씨의 주거지에서 나온 USB 안의 범행 자료와 이들의 진술을 통해 조직도를 파악할 수 있었다.

"이들은 모두 부천의 한 임대 아파트에서 자란 중학교 동창이었어요. 이들 중 주동자는 킹두부 D씨가 아니라 C씨였어요. B씨와 C씨를 제외하고는 모두 고등학교 중퇴 학력이었고, 다들 별다른 직업이 없었어요."

"백수들이 인터넷 카페에서 재테크의 달인이 된 거군요."

"네. 현실에서는 백수지만 다들 벼락부자를 꿈꾸고 있었죠. 카카오톡 프로필 상태 메시지가 '부자 되자' 이런 종류의 문구였어요."

이들 중 직접 사기 계획을 세운 사람은 C씨였다.

C씨는 2017년 7월경 가상화폐 투자로 큰 손실을 입고 범행을 계획했다. C씨는 다른 동창 한 명과 함께 가짜 재테크 카페를 설계한 후 대포 계좌와 대포폰을 구입했다. 또 개발자에게 도박 사이트를 구입해 직접 증시 베팅 사이트로 개조했다. 사이트 관리자 계정으로 접속해 스포츠 경기 메뉴를 증시 베팅으로 바꾼 것이었다.

"C씨는 자신이 아는 형에게 어깨너머로 이런 사기 수법을 배웠다고 했어요."

그는 또 아기를 안고 있는 젊은 엄마의 사진을 구해 사기단의 카카오톡 프로필 사진으로 활용했다. 아내와 아기가 있는 믿음직한 가장의 이미지를 은연중에 투자자들에게 전달할 목적이었다. 또 각종 투자 동호회에서 정모 사진을 긁어와 카페에서 실제 오프라인 모임을 하는 것처럼 위장해놓았다.

나는 문득 이 사건이 대전경찰청 사이버 수사팀 취재 때 처음 알았던 '로맨스 스캠'과도 비슷하다는 생각도 들었다. 로맨스 스캠은 신분을 속이기 위해 도용한 사진들로 자신의 SNS를 도배해서 여군이나 사업가 등으로 위장해 피해자를 현혹한다. 참고로 내가 사는 이태원은 로맨스 스캠의 인출책들인 나이지리아인들이 많이 거주하는 동네로도 유명했다. 최근에는 다른 아프리카인들도 가담하고 있으며, 이들의 주요 거주지 이태원을 벗어나 파주, 포천 같은 경기도 외곽으로 활동 반경이 넓어졌다. 로맨스 스캠 사건 취재에 대해서는 다음 책에서 한번 다뤄볼 생각이다.

"그럼 C씨가 모든 계획을 세우고 B씨와 킹두부 D씨 등이 카페 운영자로 위장해 활동했던 건가요?"

"맞아요. 가짜 재테크 카페에서 신규 회원이 들어오기만을 개미지옥처럼 기다리고 있던 거였죠."

운영자로 위장한 이들은 카페에 가입한 회원들을 베팅 사이트로 유도했다. 그리고 피해자들이 베팅 사이트에 돈을 입금하면 그 돈을 즉시 다른 도박 사이트로 이체해 자금 세탁을 했다.

"피해자들은 머니로그 창을 보고 베팅에 성공했다고 생각했지만 모두 가짜였던 거죠."

나는 문득 궁금해졌다.

"근데, 피해자들 중에 증시 베팅에 성공한 돈을 달라 요구하면 어떻게 했어요?"

"그러면 해외 계정 페이지라는 핑계로 환전에 시간이 걸린다며 최대한 시간을 끌면서 발뺌했죠. 그러다 원하는 금액을 채웠다고 생각하면 잠적했을 테고요."

"피해자들의 수는 얼마나 됐어요?"

"열 명 정도의 피해자가 있었는데, 피해금은 6억 원이 훌쩍 넘었어요."

하지만 이 중 경찰에 신고한 사람은 세 명뿐이었다. 피해자들이 신고를 거리낀 이유는 증시 베팅 사이트 때문에 혹시나 본인들이 도박 사기로 입건될까 두려워서였다. 하지만 불법 도박 사이트가 아닌 가짜 사이트를 이용한 투자 사기에서 이뤄진 베팅은 실제 도박이 아니기에 피해자들은 그저 사기 피해자일 따름이었다.

"대부분의 피해자들은 40~50대 남성들이었는데, 검거 당시 피의자 휴대폰에 나이대별로 연락처가 분류돼 있었어요. 이들은 인터넷 문화에 어두운 중장년층을 주로 범행 대상으로 삼았어요."

6.

이 사건을 처음 접한 2018년 이후 7년의 시간이 지났다. 팝 아트의 대가 앤디 워홀은 "미래에는 누구나 15분 동안 세계적으로 유명해질 수 있다."라는 말을 남겼다. 그리고 2020년대에 이르러 사이버상에서는 도용한 사진과 문장으로 15분 만에 누구나 유명 인사가 될 수 있게 되었다. AI가 나날이 발전하면 아마 몇 마디 주문만으로 나의 SNS 계정을 재벌의 것으로 꾸밀 수 있을지도 모르겠다.

실제로 나는 한 보안 업체에 취재를 갔다가 재밌는 경험을 했다.

"어, 제가 사전 질문지 답변을 좀 읽어봤는데 이 질문에 대한 답변이 잘 이해가 안 가서요. 조금만 더 구체적으로 말씀해주실 수 있을까요?"

내가 사전 질문지를 가리키며 보안 업체 대표님께 물어보았다.

"그래요?"

보안 업체 대표님은 그 질문을 읽는 대신 천천히 노트북에 입력하기 시작했다. 그리고 내게 미소를 보여주었다.

"자, 이제 AI가 좀 더 구체적인 답을 알려드릴 것입니다."

나 역시 언젠가 AI의 도움을 받겠지만, 가장 도움을 받고 싶은 분야는 '세상에 대한 분별력'이다. 인터넷의 수많은 정보 중 가짜와 진짜를 구별해내는 작업에서 AI의 도움을 받아보고 싶다. 아마 지금보다 시간이 더 지나면 대한민국 논란의 중심에 있는 사기 사건을 취재하는 『수사연구』의 기자인 나조차도 진짜와 가짜 정보를 분별하기 어려울 것 같으니 말이다.

12장
중식도와 양파

70대 노인이 청주의 자택에서 피투성이 사체로 발견됐다. 사방에는 피가 가득했는데, 특히 사체의 입부터 귀밑까지 길게 찢어져 있고 혀가 거의 잘려나간 상태였다. 범인이 사용한 흉기는 현장에서 발견됐다. 중식 요리에 사용하는 사각 모양의 커다란 칼, 중식도였다. 하지만 범인은 중국집에서 일하는 요리사가 아니었다. 피해자와 최근에 혼인신고를 한, 그보다 한참 젊은 아내였다. 노인의 아내는 신용카드와 휴대폰까지 두고 현장에서 이미 사라진 후였다. 형사들은 범인의 뒤를 쫓기 위해 청주부터 논산까지 버스터미널 CCTV와 버스의 블랙박스를 모두 뒤져야 했다. 까고 또 까도 속이 안 보이는 양파처럼 형사들의 바쁜 추적 속에서도 노인의 아내는 사라지고 또 사라졌다.

　형사들은 의외의 장소에서 노인의 아내를 찾아낸다. 그런데 의외인 점은 그뿐만이 아니었다. 노인의 아내가 커다란 중식도를 흉기로 사용한 계기 또한 누구도 예상치 못한 이유였다.

1.

『수사연구』 취재 기자로는 소설가나 소설가 지망생을 우대한다. 실제 『수사연구』에 들어오는 이력서를 보면 특히 추리소설 작가나 추리소설 작가 지망생이 많은 편이었다고 한다. 다만 의외로 추리소설 작가들은 면접을 통과하기 쉽지 않았다. 아마도 제사보다 젯밥에 관심이 많을 거란 『수사연구』 편집부의 시선이 작용하지 않았을까? 그럼에도 과거 『수사연구』에 근무했던 기자 중에는 추리소설 작가로 활동하면서 2018년 〈플레이어〉라는 송승헌 주연의 드라마를 썼던 신재형 기자가 있다.

　이전의 두 편집장님들도 글을 썼지만 추리소설에는 관심이 없던 분들이었다. 현재는 추리소설을 쓰시지만 원래 동화 작가였고 나머지 한 분도 일상 판타지물을 쓰고 싶어 했지, 추리물에는 전혀 관심이 없었다.

나 역시 소설가로 등단해 여러 편의 소설을 쓰긴 했지만 추리소설을 쓰고 싶다는 생각을 한 적은 없었다. 물론 전국의 경찰서로 사건 취재를 다니다 보니 소설을 쓰면서 형사 캐릭터나 사건 형식의 플롯이 등장할 때 활용하기 쉬운 면은 있다.

그런 와중에도 수많은 사건을 취재하다 보면 '어, 이 사건은 각색해서 픽션으로 만들고 싶다'라는 마음이 드는 사건이 가끔은 있다. 나만 그런 것이 아니라, 다른 취재 기자들도 마찬가지일 것이다.

반면 어떤 사건들은 '이건 픽션으로 각색하기도 힘들겠다'고 느껴지는 사건도 있다. 사건에 대해 서술하면 너무 과장이 심해서 현실감이 없다고 느낄 것 같아서다. 그런 사건들에 대해서는 다음 책에서 언급할 기회가 있을 것이다.

이번에 소개할 살인 사건은 내가 처음으로 픽션으로 각색하고 싶은 마음이 들었던 사건이다. 2018년 5월 20일 청주 흥덕경찰서에서 수사를 시작한 살인 사건인데, 범행 도구의 미스터리와 추적의 스토리텔링과 반전의 요소가 있는 사건이었다.

2.

청주 버스터미널에서 내려서 택시를 타고 청주 흥덕경찰서로 갔다. 청주는 나에게 익숙한 도시는 아니었다. 예전에 막내 외삼촌이 이곳에서 하사관으로 군 생활을 해서 일곱 살 무렵에 와봤던 기억이 전부였다. 당시 청주에 대한 기억도 거의 나지 않는다. 다만 그날 밤 외삼촌의 집에서 잠을 잘 때의 기억은 아직 생생하다. 새벽에 잠이 깼는데 도로변의 가로등 때문인지 약간의 빛이 있었다. 그 밤 자동차가 달리는 우웅우웅, 하는 소리가 들릴 때마다 천장에는 검은 그림자가 길게 뻗어나갔다 사라졌다. 어린 마음에 길게 팔을 뻗었다 사라지는 그림자가 악마의 팔이나 꼬리처럼 느껴지면서 공포에 떨었던 기억이 있다. 나는 귀와 눈이 예민한 아이였다. 특히 어두운 밤이면 왜 그렇게 이상한 소리들과 어른대는 그림자들이 나를 괴롭히는 것처럼 느껴졌는지 모르겠다. 그림자와 낯선 소리들, 그게 내 공포의 대상이었다. 그건 이 세상 것이 아닌, 이 세상으로 잠시 내려온 악령들의 움직임이나 속삭임처럼 느껴졌다. 그런 내가 지금은 오컬트적인 스토리에 탐닉하고, 무덤덤하게 살인 사건의 이야기를 들으러 다니는 게 가끔은 신기하기도 했다. 인생은 때론 정신을 차려보면 알 수 없는 곳에 도달해 있곤 하는 걸까?

"현장이 처참하네요."

속옷 차림의 노인이 침실과 거실 사이의 문지방에 엎어져 있는 현장 사진이었다. 그의 몸에서 흘러내린 피로 바닥이 검붉게 물들어 있었다. 침대 주변 바닥에는 피가 고여 말라붙어 있었다. 당연히 노인의 사체도 피범벅이었다. 특히 남자의 입술에서 귀 밑까지 길게 찢겨져나간 모습이 눈에 띄었다.

"현장에 갔더니만 관할지구대에서 아주 조치를 잘 취해놨더라고요. 그 지구대의 팀장님이 퇴직을 앞둔 순경 출신 경찰이란 말이에요. 그런데 이분이 현장 경험이 많아. 그래 가지고 119 불러서 사망 확인도 하고, 벌써 폴리스라인도 쳐놨어요. 거기다 이제 현장 보존은 아주 잘해놓은 거지."

청주 흥덕경찰서 팀장인 장 형사는 수더분한 시골 이장님 같은 인상이었다. 형사님의 말투보다는 이장님의 말투처럼 여유롭고 느릿했다.

"신고는 누가 했어요?"

"며느리가. 시아버지 집에 방문했다가 문이 살짝 열려 있어서 들어갔다 발견을 한 거죠. 나중에 감식팀에서 그러는데 최소 열 시간 정도, 아님 그보다 더 오래전에 살인 사건이 일어난 거 같다고 했어요. 사체의 몸도 이미 손가락까지 경직이 와 있었어요. 아직 부패가 심한 상태는 아니었어요. 피부 껍질이 이제 좀 벗겨지는, 그런 상태였지."

나는 범행 도구에 대해서는 묻지 않았다.

현장 사진에 있는 범행 도구가 눈에 너무 띄어서 물어볼 필요가 없었다. 중국 요리를 할 때 쓰는 중식도로 넓적한 사각형의 칼날이 인상적이었다. 피해자의 사체는 얼굴, 머리, 팔, 다리 등 여러 곳에 수많은 상처가 있었다. 커다란 중식도를 휘두른 만큼 상처가 깊고 컸다.

"여기 얼굴을 보니까 혀가 잘렸고 뼈가 다 보여. 손가락으로 입가의 상처를 벌렸는데, 얼마나 깊이 찢어졌는지 입안이 다 보입디다."

"칼 때문에 범인을 요리사라고 생각할 수도 있었겠네요."

현장에는 중식도 외에 추가 범행 도구로 사용한 것으로 보이는 피 묻은 식칼도 두 개나 떨어져 있었다.

"그런 생각을 잠깐 하기는 했는데, 며느리가 용의자를 바로 말해주더라고요. 사망한 노인하고 같이 살던 동거인이 있는데 사라졌다고."

사망한 노인 A씨(남성, 70대 중반)는 상이용사였다. 함께 살던 동거인 B씨(여성, 50대 중반)는 현장에 없었다. A씨의 며느리에 따르면 5월 17일 B씨가 전화를 걸어와 자신이 시아버지의 동거인이며 혼인신고까지 마쳤다는 말을 했다는 것이었다. 다만 A씨의 며느리는 동거녀 B씨와 만난 적은 없다고 말했다.

"동거녀에 대한 신원 확인 절차에 들어갔겠네요?"

"그건 현장에서 바로 됐습니다. 용의자가 휴대폰과 동전지갑을 현장에 버리고 갔어요. 그 안에 용의자의 신용카드, 신분증이 다 들어 있었어요."

나는 생각했다. 신원 확인은 빨리 됐지만 이 사건의 추적이 쉽지는 않았겠다고. 휴대폰을 두고 갔으니 실시간 위치 추적도 어려웠을 것이고, 신용카드를 두고 갔으니 카드 사용 내역도 확인이 어려울 것이었다.

3.

당시 B씨가 A씨의 며느리에게 전화를 한 이유는 황당했다. 다짜고짜 A씨 아들의 연락처를 알려달라고 말했다는 것이다.

"A씨의 며느리가 남편이 요즘 바쁘니 대신 전해주겠다

고 하자, B씨가 이렇게 말했대요. 내가 당신 아버지를 죽일지도 모르니까, 아버지에게 나한테 좀 잘하라고 전해달라고 했다는 거죠. 그래서 며느리는 놀라 가지고 시아버지에게 바로 전화를 했다는 거예요. 그런데 시아버지는 별일 아니니 걱정 말라고 그러더래."

하지만 이후 살인 사건이 일어났고 정황상 B씨는 가장 유력한 용의자였다.

수사팀은 A씨의 빌라 주변 CCTV를 확인하는 동시에 이웃들을 탐문 조사 했다. 이웃 중 누군가가 5월 17일 늦은 밤에 B씨를 보았다고 했다.

"이웃들이 A씨와 B씨에 대해 할 말이 많더라고요. A씨는 참전 고엽제 피해자인 상이용사인데, 월 159만 원의 연금으로 생활을 하고 있었어요. 근데 최근에 갑자기 낯선 50대의 여자가 그 집에 들어와 같이 사는 걸 마을 사람들도 많이 봤대요. 마을 사람들 사이에서는, 상이군경에서 그 여자를 소개해줬다, 뭐 이렇게 소문이 돌았다더라고."

"그럼 상이군경을 통해서 B씨에 대해 더 알아보셨나요?"

"그럴 여유는 없었고, 일단 B씨가 도주했으니 범행 시간 확실하게 파악하고 뒤를 쫓아야겠다는 판단이 들었죠."

수사팀의 CCTV 확인 결과 5월 17일 밤 11시 30분경 마티즈 차량을 타고 달아나는 B씨의 모습이 보였다. 해당 차량은 청주에서 증평을 지나 괴산에서 멈추었다.

"그때부터는 시간 싸움이었어요. 그래서 저희 흥덕경찰서의 형사과장님하고 강력계장님 지휘하에 모든 강력팀, 형사팀, 생활범죄팀이 다 움직인 거죠. 각 팀들이 출동해서 B씨의 차량을 찾기 위해 서둘렀어요."

5월 20일 저녁 8시 45분경 흥덕경찰서 강력팀 중 한 곳에서 괴산군 일대를 수색하다 마티즈를 찾아냈다. 한적한 시골 길가에 B씨가 타고 달아난 차가 버려져 있었다.

"시골이면 CCTV가 별로 없잖아요?"

"아, 용의자가 그런 걸 별로 신경 안 썼나 봐요. 차를 버린 주변에 CCTV 한 대가 있었고. 이동하는 B씨의 모습이 보이는 거예요."

B씨는 모자를 푹 눌러쓰고 작은 손수레 하나를 끌고 터벅터벅 걸어갔다. 그녀가 살인자라는 것을 모른다면, 직접 산에서 캔 나물을 팔러 가거나 아니면 재래시장에서 물건을 사서 손수레에 싣고 가는 평범한 시골 중년 여성처럼 느껴졌을 장면이었다.

4.

청주 흥덕경찰서 수사팀의 추적이 이어지는 가운데, 일부 수사팀은 B씨의 가족을 찾아 방문했다. 하지만 B씨는 경제적인 문제로 형제자매와는 연을 끊은 지 오래였다. 그리고 A씨와 만나기 전 두 명의 남자 사이에서 각각 한 명씩의 아들들을 두고 있었다. 수사팀이 두 번째 남편을 찾아갔더니 이미 그녀가 집을 나간 지 오래이며 그 후의 소식은 모른다고 말했다. 그러다가 뜬금없이 2018년 3월에 찾아와서 이혼해달라고 말을 했다는 것이었다.

"아, 그러면 그 뒤에 A씨와 혼인신고를 한 거군요."

"네, 그렇죠. 저희는 이제 B씨가 낳은 두 아들도 찾으려고 애썼어요. 둘째아들은 연락이 안 되고 주민등록도 말소됐어요. 첫째아들은 경기도 남부 어디에 살고 있었는데, 그 아들만 어머니가 살인범이 됐고 현재 경찰에 쫓기고 있다는 소식에 가슴 아파했죠. 그러면서 아들이 어머니가 연락할 사람은 세상에서 자기밖에 없을 거라고 했어요. 그래서 한 팀이 아들의 집 근처에서 잠복하기로 결정했죠."

한편 B씨의 뒤를 쫓던 수사팀은 난감한 상황에 이르렀다. B씨가 신용카드를 전혀 쓰지 않았기 때문에, 그녀의 동선은 오직 CCTV 추적을 통해서만 가능했다. 하지만 손수레를 끌고 이동한 다음부터는 동선이 끊겨버렸다.

"방법을 찾다가 B씨가 떠난 시간에 버스 정류장을 지나가는 버스 시간표를 확인했어요. 그다음 그 시간에 지나가는 버스의 블랙박스를 확인했단 말이에요. 그랬더니 다행히 도로 반대쪽에 서 있는 B씨가 보이는 겁니다."

B씨는 도로 반대편에서 버스를 타고 충북 음성터미널에서 내렸다. B씨는 우산을 쓰고 주위를 배회하다 인근 가게에서 비닐봉지에 담긴 무언가를 사들고 나왔다. 한참을 걷다 비를 맞는 노인에게 다가가 우산을 씌워주었다. 그러고 나서 다시 버스를 타고 이동해 청주터미널에서 하차했다.

"B씨가 가게에서 산 물건이 뭔지는 확인이 됐나요?"

"네, 농약이었어요."

"농약이요? 자살할 작정이었던 것일까요?"

"알 수 없죠. 자살을 하려 한 건지, 아니면 추가 범행을 하려고 한 것인지. 다행히 가게 사장님이 B씨를 좀 수상하게 봤나 봐요. 무슨 농작물에 농약을 줄 거냐고 물어보자 대답을 못 하더래요. 그래서 마셔도 죽지 않는 농약을 일부러 건넸다고 했죠."

형사들은 곳곳에서 B씨의 5월 18일 이후 동선을 추적하기 위해서 동분서주하는 중이었다. 하지만 장 형사 한 사람만은 A씨의 부검에 참여한 뒤 흥덕경찰서에서 체포영장을 작성하면서 카카오톡 단톡방을 통해 현장 상황을 살펴보고 있었다.

"단톡방에서 여러 형사들의 수사 내용이 실시간에 들어오니, 오히려 전체적으로 파악하실 수 있었겠네요."

"그렇지요. 그래서 제가 단톡방을 보면서 재빠르게 다음 수사 방향을 예상하고 전달할 수 있었어요."

한편 B씨는 청주터미널에서 버스를 타고 대전행 시외버스에 올라탔다. 더 큰 도시로 손수레 하나를 끌고서 달아났던 것이다. 체포영장을 신청한 강력3팀 팀장 장 형사도 서둘러 대전으로 내려가 수사팀에 합류했다.

5.

B씨는 5월 18일 오전 11시 50분경 대전 복합터미널에서 하차했다. 그리고 터미널 주변을 배회하다 대로에서 한 남자와 만났다. 오후 12시 24분경 B씨는 길에서 만난 남자와 인근 병원으로 이동했다.

수사팀은 병원 CCTV를 통해 B씨가 함께 움직인 남자의 화물차에 올라타는 것을 확인했다.

"다행히 CCTV에 남성의 화물차 번호판이 선명하게 찍혀 있어서 그 뒤를 쉽게 추적할 수 있어요. 그 차를 쫓아서 남성의 집을 찾아갔죠. 하지만 B씨는 그 집에 없었어요."

"남자는 뭐라던가요?"

"남자는 알코올중독이라 횡설수설했다고 하더라고요. 해당 병원에 아는 사람이 입원해 병문안을 가다가 B씨를 만났고, 그러다 집으로 같이 왔다고 했어요. 그리고 자기 집에서 하룻밤을 자고 다음 날 오전에 말도 없이 떠났다고 하더라고요."

수사팀은 서둘러 5월 20일 오전 남성의 집 주변 CCTV를 확인했다. 하지만 B씨의 모습은 어디에도 보이지 않았다.

"혹시 그 알코올중독 남자가 B씨를 집 근처 다른 곳에 숨겨준 건가요?"

"그건 아니었고요. 그 남자는 술에 절어 살아서 오후 늦게 일어나더라고요. 시간관념도 없고요. 그래서 '아, 이 남자가 자기가 일어나는 시간을 아침이라 착각했구나' 싶어서 오후 시간대의 CCTV를 살폈습니다. 그랬더니 5월 19일 오후 2시경 B씨가 집에서 나와 골목을 배회하는 모습이 찍혀 있었어요."

B씨는 대전 시내 곳곳을 배회했다. 버스를 타기 전에 정신이 나간 사람처럼 여기저기 돌아다녔다. 흥덕경찰서 형사들은 영상 속 B씨의 동선을 연결하기 위해서 하루 2만 보 이상씩은 걸어 다녔다. CCTV를 양파처럼 까고 또 까도, 그 속의 끝이 보이지 않는 상황이었다.

"우리 형사들 고생 많았어요. 한번은 버스 정류장을 비추는 CCTV가 없어서 형사들이 난리가 났습니다. 다행히 그 근처를 뒤지다가 조금 멀리 떨어진 상가빌딩 고층에서 버스 정류장을 찍은 CCTV를 찾아내기도 했죠. 또 한번은 상가에 들어간 B씨가 한참이 지나도 나오지를 않더라고요. 네 시간쯤 후에 그 건물에서 쫓겨나는 게 보였습니다. 늦은 시간 건물 화장실에서 쪽잠을 자다 쫓겨난 걸로 보였어요."

흥덕경찰서 형사들이 B씨를 쫓는 동안에 B씨의 휴대폰에 대한 디지털 포렌식 결과가 나왔다. 휴대폰 메모장에는 A씨를 살해하고 싶다는 내용이 적혀 있었다.

6.

5월 26일 토요일까지 수사팀은 계속 대전 시내 곳곳을 걷는 B씨의 뒤를 쫓았다. 그리고 CCTV 속에서 대전 시내 곳곳을 배회하던 B씨가 5월 21일 오전 8시 30분경 드디어 시내버스를 타는 것을 확인했다.

"드디어 B씨 추적이 쉬워진 건가요?"

"아니요. B씨가 네 정거장밖에 안 가서 내린 거예요. 근데 그 주변에 방범 CCTV가 회전식이라서 B씨의 모습을 찾을 수가 없는 거예요. 인근의 또 다른 방범 CCTV가 있어 저희 형사들이 해당 관제 센터를 찾아갔죠."

여유로워 보이는 말투의 장 형사도 그 순간에 한숨을 푹 쉬었다. 그럴 만했다. 관제 센터 담당자는 오전 8시 30분에 출근하면 일단 CCTV를 꺼놓는다는 황당한 말을 했던 것이었다.

"형사들이 한순간 기운이 빠졌죠. 그 수많은 형사들이 하나가 되어 여기까지 쫓았는데 놓친다는 게 말이 안 되잖아요. 막 머리를 싸매고 고민하다가, 저녁 8시쯤에 시청 담당자에게 전화를 걸어서 B씨가 정류장에 서 있던 그 시각에 통과한 버스들을 알려달라고 했어요. 시청 담당자만 그 자료를 알고 있다 하더라고요."

하지만 시청 담당자는 일요일에 처갓집에 가야 한다며 미안하다는 말을 했다. 하지만 수사팀의 설득에 담당자는 결국에는 늦은 밤 시청으로 다시 나왔다. 그리고 B씨가 네 정거장을 이동해 내린 정류장에 서 있던 그 시각에 지나간 버스들에 대한 자료를 알려주었다.

형사들은 버스 회사로 달려가서 블랙박스 영상을 통해 B씨가 탄 버스를 확인했다. B씨는 몇 차례나 버스를 거듭 갈아타며 움직였다. B씨가 마지막으로 탄 버스는 종점이 신도안, 대전의 남쪽 끝이었다.

"그럼 신도안에서 버스를 타면 어느 도시로 이동하나요?"

"논산이요. 그래서 저희 형사들이 5월 26일 밤 11시가 넘은 시간에 신도안 종점 버스 회사에 다급하게 연락을 했어요. 그때가 5월 21일 B씨를 태웠던 버스 막차가 막 종점으로 들어오는 시간이었거든요."

버스 회사 직원은 사무적으로 말했다. 자정이 넘으면 문을 닫고 퇴근한다고 했다.

"제가 그 말을 들었는데 아, 막 답답하더라고요. 추적 중이기 때문에 한시가 급한 상황이니까요. 일단 가자, 해서 저희 수사팀이 신도안 종점으로 갔어요."

"문이 잠겨도 새벽까지 기다리려고요?"

"그럴 마음으로 갔죠. 그런데 다행히 자정이 넘었는데

직원이 퇴근을 안 했더라고요. 알고 보니 그날따라 막차가 좀 늦어져서 종점에 도착을 아직 안 한 거죠."

수사팀은 막차가 들어오자마자 해당 버스의 블랙박스를 확인했다. 그런데 블랙박스에 기록된 날짜가 B씨가 버스를 탄 5월 21일에는 밤 11시 이후부터만 기록이 남아 있었다.

"담당자에게 가서, 이거 어떻게 된 거냐? 5월 21일에 블랙박스를 교체했느냐, 그랬더니 아니래요. 블랙박스 오작동으로 가끔 녹화가 안 된다는 거예요."

장 형사는 순간 버스 회사 직원이 날짜를 착각했을 수도 있다는 판단이 들었다. 블랙박스 교체 관련 장부를 보여달라고 하자 직원은 창고에 있어 못 찾겠다고 했다. 장 형사가 직접 찾겠다고 나서자, 직원은 갑자기 작은 소리로 아차, 하고 탄식을 내뱉었다.

"아차, 요?"

"네. 아차, 하더니 서랍에 21일자 블랙박스가 있는 걸 깜빡했다고 하는 거예요. 그러더니 블랙박스를 보여주었죠. 하지만 문제가 또 있었습니다."

"아니, 또요?"

"직원이 자기는 블랙박스를 확인하는 방법을 모른다는

거예요. 하지만 저희 수사팀에서 해결 방법을 찾았죠."

"아, 근처에서 블랙박스를 볼 줄 아는 다른 분을 급하게 섭외한 건가요?"

장 형사가 손을 내저었다.

"아니요. 저희가 범인을 추적하면서 버스 블랙박스를 엄청 많이 보고 다녔잖아요. 그래서 저희가 알아서 블랙박스를 확인할 수 있겠더라고요. 그래서 저희끼리 이렇게 저렇게 하다 보니까 블랙박스 영상을 볼 수가 있었습니다."

블랙박스 영상을 보니 B씨는 5월 21일 종점인 신도안에서 내렸다. 하지만 그다음에 어디로 갔는지는 보이지 않았다. 형사들이 다시 난감해할 때, 버스 회사 직원이 손으로 화면을 가리키며 말했다. 마침 종점에 정차해 있던 버스가 있었는데, 그 버스가 논산으로 간다는 것이었다. B씨가 화면에 보이지 않았던 이유는 곧바로 버스를 갈아탔기 때문이었다.

그 논산행 버스의 번호는 1004였다. 보통 이렇게 우연찮게 운이 좋은 경우에는 과거 같으면 '운이 좋았다'라고 『수사연구』 기사에 썼을 것이다. 하지만 '운이 좋다'는 표현을 쓰지 말아달라는 독자의 요청이 기사를 쓸 때 또 한

번 생각났다. 다행히 이 장면은 뭔가 더 멋진 표현을 쓸 자신이 있었다. 내가 쓴 기사의 문장은 다음과 같다.

'논산행 버스의 번호는 1004. 하늘의 천사가 며칠이나 살인자를 쫓느라 지친 형사들에게 길을 알려주는 것만 같은 순간이었다.'

7.

당시 종점에 남은 형사는 여덟 명, 자정을 훌쩍 넘긴 시간이었다. 어차피 새벽이나 되어야 논산에서 B씨의 경로를 확인할 수 있었다.

"일단 두 명의 형사만 논산으로 이동하고, 다른 형사들은 청주로 돌아와 잠시 쉬기로 했어요."

그날 집으로 돌아온 장 형사는 새벽 3시에 겨우 피곤한 몸을 누이고 잠을 청했다. 하지만 새벽 5시가 되자 곧바로 눈이 떠졌다고 했다. 기다리던 연락이 있었기 때문이다.

장 형사는 혹시나 논산에 가 있는 형사들이 잠들어 있을까 봐 한 시간 정도를 기다린 후에 카카오톡 메시지를 보냈다.

확인됐니?

논산에 미리 내려가 있던 형사가 곧바로 전화를 걸어왔다. 주말이라 블랙박스 담당자가 출근 전이라는 것이었다. 하지만 신도안 버스 종점에 있던 직원이 블랙박스 담당자의 휴대폰 번호를 미리 알려준 상태였다. 수사팀은 계속 담당자에게 전화를 걸었고, 낯선 번호를 무시하던 담당자는 이상하다 싶어 결국 수사팀의 연락을 받았다. 그리고 새벽 6시 30분에 드디어 블랙박스 담당자가 논산 종점에 나타났다.

  블랙박스 확인 결과 B씨는 5월 21일 밤 11시 50분경 논산시 반월동 한의원 앞 정류장에서 내려, 논산의 유명한 재래시장으로 향했다. 이 사실이 카카오톡 단톡방에 공유되자 장 형사는 이제 거의 수사의 종점에 이르렀다는 생각이 들었다.

  장 형사는 서둘러 논산으로 향했고 단톡방을 확인한 홍덕경찰서 형사과장과 강력계장도 논산으로 향했다.

  장 형사는 그날 새벽의 일을 회고했다.

  "논산에 가면 금방 범인을 체포할 수 있을 거라 생각했는데, 그게 또 그렇지는 않았어요."

8.

형사들의 예상과 달리 논산의 재래시장에서 B씨의 이동 경로를 찾는 건 쉽지 않았다.

"B씨가 재래시장으로 들어가는 걸 본 사람은 있었나요?"

"다행히 목격자가 있었어요. 시장 입구에서 붕어빵을 파는 할머니가 계셨는데, 그분이 5월 21일에 B씨가 시장으로 들어가는 모습을 봤다고 했죠."

붕어빵 할머니는 확실하게 B씨를 기억했다. 시장에 들어올 때 손수레를 끌고 다니는 중년 여성은 많았지만, 맑은 날에 큰 우산까지 가지고 다니는 중년 여성은 흔치 않았다. 그날은 맑은 날이었는데, B씨가 우산을 들고 있어서 눈에 띄었다고 했다.

"게다가 B씨가 붕어빵 할머니에게 물어보기까지 했대요. 여기 시장에 일자리를 구할 곳이 있느냐고."

수사팀은 처음에는 재래시장 CCTV를 확인할 생각이었다. 하지만 시장 안에 CCTV가 너무 촘촘하게 깔려 있어 어찌해야 할지 난감했다. CCTV가 시장의 어느 쪽을 비추는지 관제 센터 직원도 잘 모르는 상황이었다. 결국 형사 한 명은 관제 센터에, 나머지 한 명은 시장에서 연락을 주고받으며 CCTV가 시장 안 어디를 향하고 있는지부터 확인해나가야 했다.

"그렇게 반나절을 보내고서야 B씨의 동선 추적이 이뤄졌어요. B씨는 시장에서 맴돌다가 다시 밖으로 나와 어느 다방으로 들어갔어요. 다방 주인은 저희가 찾아가자, 그런 여자는 못 봤다는 거예요."

"그때는 우산을 들고 있지 않았던 걸까요?"

"그건 아니고, 원래 다방 주인들이 대부분 형사가 찾아오면 무조건 모른다고 잡아떼고 그럽니다. 그래서 다방 주인을 붙잡고 살인 사건이고 심각한 사건이다, 라고 하면서 설득을 했더니 그제야 B씨가 다방 주방일 면접을 보러왔지만 돌려보냈다고 하더군요."

수사팀은 계속해서 다방 안의 CCTV를 확인하고, 시장 상인들에게도 탐문을 계속했다. 그 결과 B씨의 동선을 확인할 수 있었다. B씨가 시장에서 가게를 운영하는 한 노인의 소개로 식당 사장을 만나 차를 타고 간 것을 확인한 것이었다. 조사 결과 해당 식당 사장은 논산에서 몇 개의 큰 식당을 운영하는 것으로 밝혀졌다.

"일단 그 식당 주변에 잠복을 한 다음, 사장에게 전화를 해 사실대로 말했어요. 사장은 잠시 고민하다 B씨가 자기가 운영하는 식당 중 한 곳에서 얼마 전부터 일을 하고 있다고 했죠."

B씨가 일하는 식당 주변에 잠복하던 형사들이 소식을 듣고 서둘러 식당 안으로 들어갔다. 그렇게 5월 21일과 5월 27일의 간격이 단숨에 줄어들었다.

"그 주방에서 B씨를 만났군요?"

"네, 그 안에 있었죠."

"B씨가 주방에서 무얼 하고 있었나요?"

"주방에 쪼그리고 앉아서 양파를 까고 있었어요. 저희가 체포영장을 보여주자 저항 없이 따라 나오더라고요."

B씨는 그러고서 A씨와의 관계에 대해 털어놓았다.

9.

두 사람은 벼룩시장 정보지를 통해서 만나게 됐다. A씨가 2018년 1월 31일부터 2월 28일까지 함께 산 여자를 구한다는 광고를 낸 것이었다. B씨는 광고를 보고 A씨에게 연락했다.

"A씨가 B씨에게 나쁜 의도를 가지고 접근한 것인가요?"

"아니요. A씨는 앞으로 B씨를 행복하게 살게 해주겠다고 했어요. 혼자 사는 B씨의 빚 6백만 원도 갚아줬고, 함께 살 때 살림살이를 다 버리고 오라고 했죠."

"왜 버려요?"

"B씨를 위한 살림도 자기가 다 마련해줄 테니 낡은 물건은 다 버리라고 한 거죠."

B씨는 A씨의 집에 살며 매달 30만 원의 용돈을 받으며 지냈다. 평생 불우하게 살았던 그녀에게 A씨는 인생의 처음이자 마지막인 좋은 남자로 보였다. 하지만 그 좋은 남자가 얼마 지나지 않아 변했다고 했다.

"A씨가 변한 이유는 무엇이었다고 하나요?"

"B씨의 말에 따르면 요리 솜씨가 형편없어서 그걸 시작으로 구박이 시작됐다고 합니다. 본인도 요리를 잘하고 싶어 과거에 요리 학원도 다녔지만 실력이 늘지 않았다고 했죠."

그런 와중에도 둘은 2018년 4월 27일에 혼인신고까지 마쳤다. 하지만 두 사람의 사이는 점점 더 나빠졌다. 그러다가 5월 17일 B씨가 A씨의 며느리에게 전화한 사실 때문에 두 사람은 크게 싸웠다.

"A씨는 B씨를 내일 당장 쫓아내겠다고 엄포를 놓았어요. 그러자 B씨는 혼인신고까지 했으니 1억 원은 받아야

한다고 주장했죠. A씨는 내가 아는 판사가 있다면서, 오늘 밤이 지나면 자기가 사준 살림은 다 빼앗고 무일푼으로 쫓겨날 걸 각오하라고 말했다는 거예요."

그날 B씨는 서러움이 복받쳤다고 말했다. 더구나 평생을 가난에 허덕여 물건에 대한 강한 집착이 있던 B씨는 그녀의 물건을 빼앗는다는 말을 견딜 수가 없었다고 했다.

그날 밤 B씨는 혼자서 1600씨씨가 넘는 맥주를 혼자 마셨다. 그리고 술에 취한 상태에서 싱크대 밑에 있던 중식도를 들고 가 침대에 누워 잠든 A씨에게 휘둘렀다고 자백했다. 하지만 그 순간 어떻게 칼을 휘둘렀는지 본인도 기억이 나지 않는다고 말했다. 다만 중식도를 떨어뜨리고 나서 식칼 두 개를 들고 와 또 피해자를 칼로 찌른 것은 희미하게 기억이 난다고 했다.

"B씨는 정신이 들자 놀라서 도망치기 바빴다고 했어요. 게다가 처음부터 경찰의 추적을 피할 생각을 했다고 했죠."

"그런 생각을 처음부터 했던 건가요? 휴대폰과 신용카드를 두고 온 것도 계획적인 것이었나요?"

"아니요. 그건 아니고 너무 놀라서 챙기는 걸 깜빡했대요. 그리고 집 밖으로 나오다가 이웃 주민이 전화 통화를 하는 모습을 봤는데, 경찰에 신고하는 거라 생각해서 처음부터 멀리 도망쳐야겠다고 생각했답니다. 낯선 곳에 차량을 버린 이유도 그래서고요."

"급하게 도망친 것치고는 경찰의 추적을 잘 피한 것 같네요."

"B씨가 말입니다. 과거에 〈이것은 실화다〉라는 범죄 수사 재연 프로그램이 있었는데, 그 방송의 애청자였대요. 그 방송을 보니 도주한 범인이 항상 빨리 잡히기에 고속버스보다 시내버스나 시외버스를 이용해서 달아났다고 했죠. 자기 생각에는 시내버스나 시외버스에는 블랙박스가 없을 수도 있다고 생각했답니다."

B씨가 대전 시내를 빙빙 돈 것도 경찰의 추적을 피하기 위해서였다고 자백했다.

하지만 형사들에게 잡힌 후에는 순순히 범행을 인정했다. 사람 죽인 여자가 무슨 면목으로 밥을 먹느냐며, 식사는 거절하고 대신 며칠 동안 빵과 우유로 끼니를 대신했다.

형사들의 이야기를 듣고 B씨의 범행에 대한 궁금증은 모두 풀렸다. 더구나 이 사건 때문에 형사들이 얼마나 많은 고생을 했는지도 알 것 같았다. 하지만 한 가지 의문은 풀리지 않았다.

"그 거대한 중식도는 왜 싱크대 밑에 있었나요? A씨도 요리를 안 하는 것 같고, B씨도 요리를 못했다면서요."

"그게, 사실은 A씨가 처음에 B씨에게 살림살이를 다 버리고 오라고 했잖아요."

"네, 맞아요. 자신이 다 새로 해준다고 했다면서요."

"그런데 마침 B씨가 A씨의 집으로 옮기기 전에 홈쇼핑에서 식칼 세트를 샀어요. 이번에는 요리를 좀 잘해보고 싶어 가지고. 그 안에 중식도가 있었고요. B씨가 새 칼 세트니까, 그 세트만은 가져가겠다고 해서, 유일하게 들고 간 물건이 칼들이었어요. 그런데 그 칼에 결국 A씨가 살해당하고, B씨는 살인자가 됐죠."

10.

우리가 생각하는 살인 사건은 종종 선과 악의 대결로 압축되는 경향이 있다. 실제로 타고나길 소시오패스나 사이코패스인 살인범들도 있을 것이다. 하지만 취재를 다니다 보면 그런 살인 사건들은 생각보다 드물다.

오히려 사람과 사람 사이의 복잡한 감정의 얽힘 속에서 살인 사건은 일어난다. 서로를 바라보던 따스하고 보드라운 감정이, 서로의 심장을 찌르는 날카로운 칼날처럼 변해버리는 것이다. 혹은 망상과 오해와 편향된 생각이 독버섯으로 자라나 살인에 이르기도 한다. 돈이 사람보다 귀한 사람들 중 일부는 돈 때문에 살인자가 되기도 한다.

  보통의 일간지에서는 살인 사건이 일어나면 사건의 얼개만을 다룬다. 하지만 『수사연구』에서는 사체 사진만이 아니라 그 사건이 일어난 배경과 피해자와 살인범 간의 감정이나 관계에 대해서도 집중적으로 취재해왔다. 그것이 수사 전문지의 역할이고, 또한 살인 사건의 관계자 간에 얽힌 복잡한 관계와 감정들을 형사들에게 알려주는 것이 『수사연구』의 몫이라고 생각해왔기 때문이다. 그런 감정의 얽힘 역시 수사 과정에 굉장히 중요한 역할을 한다고 보기 때문이다. 이 사건 역시 피해자와 살인자 간 감정의 얼개가 복잡했고 추적의 과정 역시 험난했다. 형사를 만나는 소설가인 내가 픽션을 쓴다면 이 사건을 바탕으로 쓰고 싶다는 생각을 한 건 그래서였다.

에필로그
―『수사연구』의 한 달

　『수사연구』의 한 달은 대략 이렇게 흘러간다. 일단 월초에 지난달 전국에서 일어난 살인 사건과 사기 사건 기사를 검색한다. 주요 언론사 기사를 살피기도 하고, 각 시도경찰청에 올라온 사건 수사 관련 보도 자료를 꼼꼼하게 살펴보기도 한다. 이어 편집장과 프리랜서 기자가 함께 어떤 사건을 취재 기사로 택할지 며칠에 걸쳐 회의한다. 주로 카카오톡으로(지금은 편집장과 취재 기자를 혼자 겸하고 있어서, 홀로 카카오톡으로 '나와의 대화'를 나누고 있지만 이전에는 이런 식이었다).

　사기 사건 르포 기사인「형사 25시」는 일단 피해 액수가 많고 지난 몇 달간의 사건과 겹치지 않는 사건을 고른다. 지난달에 보이스피싱 사건을 했으면 이번 달에는 가짜 주식 투자 리딩방이나 도박 사이트 사건, 혹은 보험 사기 사건 등을 수사하는 식이다. 또 지난달에 취재한 수사 기관과 겹치는 않는 곳을 고른다.

강력 사건, 그중에서도 살인 사건을 주로 다루는 「사건 현장 속으로」에도 규칙이 있다. 일단 범인을 잡는 과정 중에 형사들의 실수가 있는 사건은 고르지 않는다. 『수사연구』가 경찰 수사과 예산을 받고, 형사들의 교육 교재로 쓰이다 보니 잘 해결된 사건만을 취재한다. 또 범인이 현장에서 잡히거나, CCTV 추적으로 하루 이틀 만에 체포된 사건, 혹은 자수한 사건이나 범인이 자살한 사건도 제외된다. 「사건 현장 속으로」는 주로 살인 사건을 우선순위로 하지만 상황에 따라 조폭 관련 폭력 사건, 마약 관련 사건들을 수사하기도 한다.

2025년 현재 살인 사건은 최종심 후에야 취재가 가능하다. 사체 사진 역시 잡지에 수록이 힘들다. 그렇기에 『수사연구』에서는 「수사연구레코드」라는 코너로 90년대 살인 사건을 다시 재조명하거나, 「내 인생의 사건」을 통해 베테랑 형사들의 인터뷰 속에서 과거 살인 사건에 대한 이야기를 듣는 코너 정도를 마련해두었다. 그리고 최근 이삼재 선생님의 과거 살인 사건 현장감식 원고를 내가 리라이팅하고, 김원배 선생님의 연재 원고를 받아 편집한 「살인 사건 분석」 챕터를 『수사연구』에 신설했다.

  취재 사건이 결정되면 섭외를 위해 직접 경찰청이나 경찰서에 전화를 건다. 내가 처음 기자를 시작하던 때만 해도 담당 형사님이 전화를 받았을 때 "『수사연구』 기자입니다."라고 하기만 하면 프리패스이던 시절이 있었다. 하지만 지금은 보통 해당 수사 부서의 형사과장님이나 수사과장님의 허락하에 해당 팀에서 취재가 진행된다. 또 수사팀에 전화해 "『수사연구』인데요…….."라는 말로 취재 약속을 잡는 것과 달리 정식으로 취재 요청서를 올리는 경우가 많아졌다. 해당 팀이 취재를 완강히 거부할 경우에는 취재가 취소되기도 한다. 8년 사이에 많은 것들이 변해서 젊은 형사들 중에는 『수사연구』를 모르거나 과거 『수사연구』의 애독자였던 형사들조차 이 잡지가 아예 폐간된 것으로 오해하는 경우도 있다.

  취재 날짜가 잡히면 해당 수사팀이 있는 곳으로 간다. 서울도 가고, 경기도도 가고, 강원도, 제주도 어디든 간다. 점점 국제공조가 활성화되는 추세여서 해외로 취재를 갈 가능성이 있을지, 그건 잘 모르겠다. 형사님들이 사진 기자도 함께 오느냐고 묻기도 하지만, 내가 알기로 『수사연구』에 사진 기자는 없던 것으로 알고 있다. 과거에는 기자들이 직접 카메라를 들고 다녔고 지금 나는 휴대폰을 들고 간다. 휴대폰 화질이 좋아서 취재 후 수사팀의 단체 사진을 촬영하는 데 문제는 없다. 가끔은 의심스러움 반, 안쓰러움 반의 표정으로 카메라가 없느냐고 물어보는 형사분들이 있긴 하지만. '가오'를 잡기 위해 무거운 DSLR을 들고 가고 싶은 마음은 없다.

취재 방법에 대해서는 이 책을 읽어보면 얼추 감이 잡히실 것 같다. 「라이브 리포트」는 사전 질문지 없이 사건에 대한 뼈대만 이해한 채 경찰서를 방문한다. 그리고 형사님들과 마주 앉아서 수사팀이 수사에 들어간 것부터 시작하여 진행 상황, 범인을 잡는 순간까지 그냥 듣는다. 그 사이사이에 궁금한 질문을 던지고, 가끔 추임새를 넣어주고, 공감도 하면서 인터뷰를 한 시간 정도 진행한다.

취재가 끝난 후에는 편집장에게 취재가 잘 마무리되었음을 통보하고 그날은 바로 사건을 잊는다. 나만 그런 것이 아니라 다른 『수사연구』의 기자들이 대개 그렇다. 내가 아무리 경찰서에 다니는 걸 좋아하지만, 그렇다고 사건 취재 인터뷰를 하면서 긴장을 안 하는 건 아니다. 형사들의 이야기에 집중하면서, 어떻게 인터뷰를 끌어나갈지, 그리고 어떤 질문을 던질지 늘 안테나를 세우고 있어야 한다. 또 가슴 아픈 사연들을 마음에 간직하는 것보다 일단은 털어버리는 것이 정신 건강에 좋다. 어차피 다시 집으로 돌아와 사건을 복기할 것이기 때문이다.

지방 출장의 경우 취재가 끝나면 『수사연구』 기자들은 보통 바로 올라오기보다 잠시 그곳에서 시간을 보내는 편이다. 어떤 기자는 출장 전에 아예 그 동네의 맛집을 검색해서 찾아다니기도 했다고 한다. 제주도나 부산 정도로 가면 짧은 여행 삼아 1박 정도를 현지에서 묵는 경우도 있다. 나 역시 1박까지는 아니어도, 나름 그 동네 '핫플'을 걸어보거나 피곤하면 그 지역 사우나에서(온천이 있으면 더 좋고) 잠시 노곤하게 멍을 때리다 돌아오곤 한다.

취재를 마치면 사건 인터뷰의 녹취를 풀고 이제 보도자료와 녹취 내용을 비교하면서 기사 초안을 작성한다. 그사이 수사팀에서 보낸 사진 자료들을 살펴보고 부족한 자료가 있으면 요청한다. 또 『수사연구』의 사건 기사는 후반 작업을 형사와 함께한다. 초안을 담당 형사에게 보내고, 형사가 직접 수정과 삭제, 내용 추가를 하는 식이다. 그러면서 사실과 다른 부분도 교정되고, 형사들 또한 본인이 수사한 사건을 한 편의 르포로 살펴볼 수 있는 기회를 가져보는 셈이다. 가끔은 형사들이 자신들이 수사한 사건이 이렇게 한 편의 소설처럼 기록될지 몰랐다며 감탄의 인사를 카카오톡으로 보내주기도 한다.

여기에 월말에 내가 취재한 「라이브 리포트」 취재 기사와 경찰, 변호사, 심리상담사 등으로 구성된 『수사연구』 필자 분들의 다양한 원고가 더해진다. 마지막으로 편집장이 직접 담당하는 이 달의 범죄 혹은 경찰 관련 이슈를 다룬 스페셜 페이지가 추가된다.

물론 지금은 내가 편집장과 취재 기자 양쪽을 다 하기 때문에 잡지의 형식이 좀 바뀌었다. 1인 체제에서 구성이 가능한 방식으로 간결해졌다. 또 여러 사람들의 도움도 많이 받는다. 범죄 수사에 대한 열정이 넘치는 좋은 분들이 제공해주시는 좋은 원고 덕에 『수사연구』가 1인 체제 편집진으로 운영이 가능해졌다 생각한다. 범죄 수사는 아니지만, '운이 좋았다'고 생각한다.

그런데 『수사연구』 기자를 하면서 신기한 점이 있다. 『수사연구』의 사건 취재를 끝내면 무언가 기분 좋은 도파민이 올라오는 기분이 든다. 아니, 심각한 사건을 취재하는데 내 기분이 왜 이렇지 조금 의아하기도 했다. 어쨌든 범인을 잡은 사건이기 때문일까, 싶기도 했지만 그것만은 아니었다.

아무래도 형사들이 주는 좋은 에너지가 있는 것 같다. 특유의 건강한 활기 덕분이기도 하지만, 그보다는 어려운 환경에서 묵묵히 수면 시간을 반납하고 때론 위험한 상황에 처하면서도 범인을 잡는 그들의 모습에 존경심이 들었던 것 같다. 존경할 만한 사람과 대화를 하면 기분이 좋아진다는 것을 『수사연구』 기자를 하면서 느끼고 있다. 그리고 형사들 역시 아무리 힘들어도 범인을 잡을 때의 도파민에 중독된다고들 한다. 아마 사건 취재를 하면서 그 도파민을 간접적으로나마 체험하는 것일지도 모르겠다. 그리고 형사의 '수사 완료 도파민'만큼은 아니지만 월간지 편집장의 '마감 도파민'도 있다. 마감을 딱 끝내면, 아, 이번 달도 무사히 잡지가 출간되는구나, 싶은 '안심의 도파민'이 있다. 형사들은 범인을 잡아 사건을 종결하고, 우리는 형사들과 경찰들의 이야기가 수록된 잡지의 마감을 한 달에 한 번씩 종결한다.

이렇게 해서 매달 한 권의 『수사연구』가 만들어지고 전국의 경찰서와 지구대 등에 배부된다. 오랜 기간『수사연구』를 꾸준히 사랑해주는 정기 구독자들에게도『수사연구』는 배부된다. 아쉽게도『수사연구』는 수사 전문지라는 특성상 정기 구독자가 경찰, 법조인 및 수사 관련 종사자로 한정되어 있다. 대신 2025년부터 온라인 웹진을 서비스하고 있지만, 여기에는 월간지에 수록되는 내용에 비해 제한적으로 사건 기사를 업로드한다.

이 책『창밖에 사체가 보였다』는 어떤 면에서는 대한민국 수사 전문지의 느낌을 맛보고 싶어 하는 일반 독자를 위한 책이다. 이 책에서는 내가 처음『수사연구』에 입사했던 2017년과 2018년에 취재한 살인 사건에 대해 다루었다. 기회가 된다면 다음 책『취조실에 갇힌 소설가』(가제)에서는 전 국민을 깜짝 놀라게 했던 몇몇의 살인 사건과 범죄자의 심리를 파헤쳐보고 싶었던 살인 사건, 점점 교묘해지고 규모가 커지며 글로벌해지는 사기 사건 취재기를 함께 다룰 계획이다.

또 기회가 된다면『수사연구』의 창간 시점 혹은 1990년대부터 2000년대 초반까지의 전성기를 배경으로 팩션이나 시나리오를 써보고 싶은 마음도 들었다. 마침 이 책을 집필하던 시기에 『수사연구』 통권 500호 특집을 함께 준비했다. 그래서 과거 대한민국 수사계의 산증인들에게 『수사연구』 기자들과 당시 형사, 과학수사관들의 친밀한 관계에 대해 듣게 됐다. 그들을 주인공으로 하면 굉장히 재밌는 글이 나올 거라는 생각이 든다. 물론 매달 혼자 시작해 혼자 마감하는 루틴 독방에 갇혀 있어 언제 본격적으로 손을 댈지는 알 수 없다.

다만 첫 장면의 시퀀스는 짜봤다. 1980년대 초반 세 명의 남자가 치안본부 사무실에서 『수사연구』의 창간을 모의하는 내용으로, 당시 실제 상황에 약간의 양념을 더했다.

1980년대 초반 치안본부 연구발전실에서 세 남자가 매일 줄담배를 피우며 토론을 이어갔다. 한 명은 치안본부 연구발전과장 L 총경, 한 명은 편집장인 K, 나머지 한 명은 총경 출신 J였다. 세 사람은 폐간된 경찰 공보지 『월간경찰』을 함께 만든 동지들로 새로운 경찰 잡지 창간을 준비 중이었다. 잡지에는 형사들의 강력 사건 기밀 서류들과 사건의 뒷이야기를 수록할 예정이었다. 현장감식반에서 촬영한 사체 사진은 총천연색 화보로 실릴 터였다. 살인 사건을 다루는 페이지는 너무 끔찍할 테니 아예 밀봉

할 계획도 세워두었다.

J가 눈을 반짝이며 말했다.

"형사들이나 현장감식 요원들에게 꼭 필요한 책이 될 걸세. 잡지를 보면 살인 사건이 일어난 현장에서 수사를 하는 기분이 들 테니까. 하지만 이 잡지를 절대 경찰 외부로 유출해서는 안 되네. 잡지라고는 해도 실은 형사들의 기밀수첩에 가까우니 말이지."

그러나 훗날 이 잡지는 범죄자들이 몰래 챙겨 보는 잡지로도 알려진다. 한 연쇄살인범의 거주지에서 이 잡지가 무더기로 발견된 일화는 유명하다.

"기자들은 좀 새로웠으면 하는데 말이지. 언론인보다 경찰 출신을 한번 뽑아보면 어떤가?"

L 총경의 제안에 극작가이자 편집장인 K가 고개를 내저었다.

"그보다는 소설가나 극작가를 뽑는 게 낫습니다. 우리 잡지에 수록할 기사는 단순한 사건 기록이 아니라 형사들의 피, 땀, 눈물을 생생하게 살린 한 편의 드라마여야 합니다. 그래야 범인 쫓느라 날밤을 새운 형사라도 꾸벅꾸벅 졸지 않고 끝까지 읽을 수 있을 테니까요."

이후 이 잡지사에서는 2020년대까지 많은 소설가나 소설가 지망생들이 기자로 근무하게 된다.

"혹시 월간지 이름은 정하셨는지……."

L의 질문에 J는 슬그머니 미소를 지었다. 그는 수수께끼를 좋아하는 사내였다. J는 테이블 위에 놓인 메모지에 만년필로 무언가를 적었다.

'ㅅㅅㅇㄱ'

창밖에 사체가 보였다

초판 1쇄 인쇄 2025년 7월 25일
초판 1쇄 발행 2025년 8월 1일

지은이 박진규
펴낸이 이수철
주　간 하지순
편　집 송규인
디자인 박예진
영업관리 최후신
콘텐츠개발 전강산, 최진영, 하영주
영상콘텐츠기획 김남규
관　리 진호, 전수연

펴낸곳 나무옆의자
출판등록 제396-2013-000037호
주소 (10449) 경기도 고양시 일산동구 호수로 358-39 동문타워1차 703호
전화 02) 790-6630 팩스 02) 718-5752
전자우편 namubench9@naver.com
인스타그램 @namu_bench

ⓒ 박진규, 2025

ISBN 979-11-6157-239-0 03810

* 이 책의 전부 또는 일부 내용을 재사용하려면
  사전에 저작권자와 도서출판 나무옆의자의 동의를 받아야 합니다.
* 잘못 만들어진 책은 구입하신 곳에서 바꾸어드립니다.